## まえがき

本書の執筆のお話をいただいたときは正直、躊躇しました。

私は9年前に運用会社を起業し、いまも自分の職業はファンドマネジャーです。ファンドマネジャーの役割はお客様のお金を増やすことであり、表に出るよりもどちらかというと裏方の仕事だと考えています。職人のように黙々と上がる株、下がる株を探し、お客様のために働くことが自分の役目と思ってきました。その考えはいまでも変わりません。

しかしその一方で、そもそも私が高額の報酬を払ってくれる外資系ヘッジファンドや証券会社を辞めて起業したのは、「日本人にもっと裕福になってもらいたい」、そのために富裕層や金融機関に限られた「プロが運用するヘッジファンド投資」を誰でもできるようにしたい、誰もが投資することが日常的に普通なことになるよう投資することのハードルを下げ、投資することで資産を増やすお手伝いをしたい、という強い思いがあったからでした。〝カネ転がし〟の金融業界の人間がそんな考えをするわけないという疑念を持たれる方もいるかもしれませんが、この思いはいまも変わりません。そして本書を執筆することも、そんな思いを実現することにつながるのではないかと考えたのです。

長年この業界に身を置くなかで、私には、個人投資家の多くが損をしながらも自分で投資を続けていることに心を痛めていました。なぜなら、最近はフェアディスクロージャー・ルールの強化がされるなどで変化が出てきているとはいうものの、機関投資家のほうが圧倒的に得られる情報量が多く、個人投資家よりも有利な立場で投資ができるからです。それは、たとえば階級別に戦う柔道などで、小柄な選手が大柄な選手に戦いを挑むのと同じようなハンディであり、同じ土俵の上でそのようなハンディを背負って戦うよりも、個人投資家はプロ（金融庁が発表している「免許・許可・登録等を受けている業者」に限る）に運用を任せたほうが良いのに、と考えていたのです。

２００６年1月のライブドア・ショックで株式市場が暴落したときに、損をした個人投資家の方がインタビューを受けて、「決算短信なんて見たことない」と語っているのを聞いて衝撃を受けました。株式投資とは、将来の株価上昇で利益を得るために、企業が発行している株式を買うことです。だとすれば、どうしてその企業のことを調べもせずに株価が上がるという判断をし、株式を買うことができるのでしょうか。それでは、何の根拠もない博打と一緒で非常に危険です。

それでも「自ら投資をしたい」と思う人は後を絶ちません。書店に行けば投資に関する本はたくさん並んでいて、むしろ以前よりも増えているように思います。「億り人（おくりびと）」や「億トレ」と呼ばれるような凄腕個人投資家の存在も取り上げられたりしているので、「自分も株で儲けてお金持ちになろう」と思うのも無理はありません。

そうであれば、株で儲けたいと思う個人投資家の方々が、なるべくハンディを背負うことなく、機関投資家と同じ土俵で勝負することができるような「知恵」、すなわち株式市場で株価が決まっていくしくみ＝株式相場において、利益を上げるためにはどのように振る舞うべきか、をわかりやすくまとめたい。それが、私が本書で伝えたかったことです。

私は、大学を卒業後、外資系証券会社に入社して株式調査部に配属され、幸いにも人気アナリストランキングで常に上位にランクインされていた有名なシニア・アナリストにつくことになりました。新入社員で右も左も何もわからない私を叱りながらも、いろいろなことを教えてくださいました。

ファンドマネジャーは、最初から運用会社でキャリアをスタートする人が多いと思いますが、私の場合は証券会社の株式調査部で徹底的に企業分析を学べたことが、運用に非常に役立つ大きな財産となっています。

この本においても、簡単ですが企業を分析するときにどういうところを見るべきか、企業価値はどう算出したらいいのかなどについて解説しています。基本的に株価が上がるか下がるかは企業価値がどうかということに起因していますから、投資において企業分析はとても重要です。まだ誰も気づいていない、株価が上がりそうな企業を見つけたときのわくわく感、その企業の株式に投資して利益を上げ、利益を確定するという成功体験を積み重ねることは投資の成功率を上げるために大切です。

その後、私は当時、日本で唯一上場している株式投資顧問会社に転職しましたが、その会社の創業者の言葉を聞いたことが、自分自身もいずれは起業したいという思いへつながりました。そしてそのためには、とにかくもっと多くのファンドマネジャーからいろいろな運用スタイルを学ぶ必要があると考え、いくつかの運用会社で職歴を重ねることになりました。

世界的にも有名なヘッジファンドで数千億円を運用していたときは、同僚の怒鳴り声や電話が鳴り響くようなディーリングデスクのような雰囲気のなかで仕事をしていたので、一般的なファンドマネジャーの仕事のやり方とは異なるスピード感や集中力を身につけることができました。このときの上司はとても優秀なファンドマネジャーでいまは独立して活躍されていますが、本書にも書いた私の投資スタイルはこの時代に学んだ運用戦略を応用したものです。
ちなみに、このヘッジファンドのなかで、われわれのチームは本当に運用成績が良く、投資家のためにに多くの利益を稼ぎ出しました。しかし、そんなチームも、当時の上司が社内の政治闘争に負けたため、解散させられることとなり、私たちは香港への異動を命じられました。それを機に、私はそのヘッジファンドを去ることにしました。その後、外資系証券のプロップ（自己資金の売買部門）で日本株式投資チームの責任者に就任しました。このチームのメンバーには上場株式のみならず、クレジット、不良債権、プライベート・エクイティーなどのプロ集団がおり、株式のファンドマネジャーが通常ではあまり見ないデータを見ている同僚から学び、事前にリスクを察知する手法なども学ぶことができました。その後、２００７年にある商社から運用資金の拠出を受けて独立したのですが、リーマン・ショックの際にも利益を上げることができたのは、ヘッジファンドと外資のプロップでの経験が活きたからです。

起業して自分が経営者になってからより強く感じるようになったのは、投資にあたってその企業の経営者と会うことの重要性です。割安に放置されている会社は、投資家からすると割安なりの問題があります。現在、３５３１社の企業が日本で上場していますが、そのうち１９００社ほどの時価総額が株主資本以下（ＰＢＲ１倍以下、２０１６年11月末時点）です。私もお会いした経営者の方から「時価総額を上げるためにどうしたらいいのか」といった相談を受け、起業してからはそのお手伝いをすることがありますが、投資家に株式を買ってもらうためには、割安に放置されている現状から何かを変え、ＩＲの強化、流動性の拡大、業績が改善するシナリオを描けることが必要です。そして、そのためには経営者自身が、意識と行動を改めることが最も大切なのです。

ですから、投資をするうえでは、決算などの数字や景気や経済状況に対する判断、売買のタイミングを計るノウハウといったものだけではなく、経営者や人へ興味、理解を欠かすことはできません。

私自身も経営者となってから、リーマン・ショックや東日本大震災と、経営に影響を及ぼすような大きな事件が続きましたが、本当にたくさんの方々に支えられ、会社を続けてくることができました。そういう意味では、私は本当に恵まれていると思います。さまざまな助言や励ましで支えてくださった方々、会社の仲間、家族や友人たちへ、この場を借りてお礼を申し上げます。

この本と通して読者の方が株式投資で成功し、もっと裕福になるお手伝いができれば、これに勝る喜びはありません

二〇一七年一月

土屋敦子

まえがき

# プロローグ　私が株を買うときに考えていること



# 第1章　株式市場とはどういうところか？

CONTENTS

# 第4章　「経済ファクターとしての株価」が動くしくみ

CONTENTS



# 第5章 「相場としての株価」が動くしくみ

# 第6章 株価を動かしている人たちの内幕

CONTENTS



# 第7章 自分の投資スタイルを確立しよう



装丁・DTP/村上顕一

プロローグ

UNDERSTANDING THE STOCK MARKET

# 私が株を買うときに考えていること

# 株を買うときの3つのポイント

## 「業績が拡大すると思うから」では不十分

### 「株価が上がる」理由を明確にしておく

株式投資をする人は、その会社の株が上がると思って株を買ったのだと思いますが、なぜ株価が上がると思うのか、再度よく考えてみてください。とくに理由がなく、「何となく上がりそう」というのは完全な博打です。たとえば、「○○の需要が高まることで業績が拡大すると思うから」であれば△の回答です。では、何をすれば○だといえるのでしょうか。

株を買うときに、確認するべきポイントは3つあります。

**①いまの株価は安いのか？**

安いと思ったら、何で安いといえるのか、きちんと考えます。当然、業績を確認せずに安いという判断はできません。

## ②その会社の株価はいくらであるべきか？

自分が考える企業価値を算出します（第3章参照）。また、いま安価に放置されている株価が自分の考える企業価値になるためのカタリスト（きっかけ・トリガー、次節参照）となるものは何なのかを明確化します。

## ③株価チャートから、株価の動きの癖を理解する

急に上がったとき、急に下がったときがあれば、そのときに何が起こったのかを確認しましょう。その会社の株価を動かす要因をできるだけ理解しましょう。

# 効率が良い投資をすることが大切

前項のポイントを押さえて、実際に買ってもいいと思える株に狙いを定めたならば、次になすべきことは、効率の良い投資を心がけることです。

投資したいと思う会社が2つあるとします。A社の株価は現在1000円で、企業価値から逆算した株価は2000円、いまの株価の倍だとしましょう。B社の株価も現在1000円で、企業価値から逆算した株価は1400円、40％上だとしましょう。どちらに投資すべきでしょうか？　目標株価だけで考えるとA社のほうが上昇率が高くて良いのではないかと考えると思います。しかし、このときに考えなければならないことは、A社が倍になる確率とB社が40％上昇する確率の比較です。A社

が30％の確率で株価が倍になり、Ｂ社は90％の確率で株価が40％上昇すると考えた場合は、どうでしょう？　この場合、

Ａ社：１０００円増×30％＝３００円増
Ｂ社：　４００円増×90％＝３６０円増

が確率を加味した上昇幅となります。つまり、Ａ社のフェアバリュー（第５章参照）は現在株価１０００円＋３００円＝１３００円、Ｂ社のフェアバリューは１０００円＋３６０円＝１３６０円と考えます。企業価値だけで見るのではなく、確率も考え、どちらのほうが効率が良いかを考えましょう。このケースだとＢ社に投資するほうが効率が良いという考え方になります。

## 勝てる確率が低いときは勝負しないで現金を持つ

本書では株式相場と取り巻くさまざまな事象について解説しますが、「外部環境が良くないので、いまは利益が出せない」と思ったら、投資資金はしばらく現金化することも大切です。これこそ個人投資家の特権です。機関投資家は運用手数料を受け取っているため、投資資金をすべて現金化することはなかなかできません。

たとえば、２００８年のリーマン・ショックの年には、ＴＯＰＩＸは40％を超える下落をしました。

年初から下落し、3月にいったん底を打ちましたが、そこから秋にかけてさらに大きく下落しました。このような環境下でも機関投資家は決められた金融資産に投資をしなければなりません。しかし、ボラティリティ（株価の変動率）も高く、リスクも上昇、株価の下落圧力が強いときには、企業価値との開き（業績見通しが変化しない前提として）が生じているとしても、勝てる確率は低くなっています。

勝てる確率の低い勝負は、あえてしないほうが賢明で、「CASH IS KING」です。つまり現金で持っていれば株式の価値の目減りは気にする必要はありませんので、ダウンサイドリスク（株価が下落して損失を被る可能性）はかなり抑えられます。インフレや為替動向などにより現金の価値そのものがどうなるかは別問題としてありますが、日本人で日本に住んでいれば円を使うので、その価値が上がろうが下がろうがそれほど懸念する必要はないでしょう。

LECTURE 0－2

# プロが持っている5つの視点

## 「効率が良い投資」に必要なことは？

### ①投資の時間軸を考える

投資の際には、回収できる時間軸も考えるべきです。投資期間が長くなれば長くなるほど、リスク（不確実性）は増大します。確率の話を前節で書きましたが、その際に企業価値に達する時間軸がどのくらいかも考えるべきです。「A社の企業価値は現在の倍だが、倍になるのが5年後で、B社の企業価値は現在の40％上に過ぎないものの、いまから1年未満に達成できる」と考えられるのであれば、より短い時間軸で投資効果を回収できる（リスクを抑えられる）という観点から、B社のほうが投資妙味があります。

また、複数の銘柄に投資をする際は、たとえば、すべてが10年後に成果を回収できるものよりも、さまざまな時間軸で回収できそうなものに分散投資をするといいでしょう。そうすることで投資資金は安定的に利益を出すことができ、投資成果を回収したものについては新たなものに再投資することにより、複利の効果を得られます。また、複数の銘柄に分散投資するということは、リスクを分散することであり、当然、リターンも分散されることとなります。つまり、複数の銘柄に分散投資をすれば1銘柄に投資するよりも損益はなだらかになる可能性が高いということです。

逆に集中投資をしたら、良い銘柄に投資をしていればそれだけ大きな利益を上げられますが、誤った投資をしてしまうと、大きな損失となります。

## ②コンセンサスを理解する

企業業績のコンセンサスとは、たとえば新聞がすでに報道した企業業績の上振れ、下振れ見通しや『会社四季報』、『日経会社情報』、証券会社のアナリスト予想などです。

なぜコンセンサスを理解することが重要かというと、コンセンサスはすでにみなが知っている情報として株価に織り込まれていると判断できるからです。

たとえば、とても良い会社があって、「今期会社が20%の増益予想をしているけど、自分の予想では30%の増益になると思うから株を買おう」と判断したとします。しかし、その会社のコンセンサス予想が40%の増益であったとしたら、株価はすでにその増益率を織り込んでいるため、30%の増益であれば失望となり、株価が下落する可能性があります。

コンセンサスを理解することの大切さは、企業業績についてだけではなく、株式市場を取り巻く外部環境などについてもあてはまります。2016年の話でいえば、日本政府の補正予算の額が発表になったときに株式相場の失望売りにつながったケースがあります。実際の発表前に外国メディアなどが煽るように強気な報道をしていました。真水で10兆円程度が市場の期待で相場は買い上がりましたが、実際には真水が5兆～7兆円ほどだとわかると市場は期待ほどではないと日本株を売ったのです。

## ③株価のドライバーを把握せよ

ドライバーとは英語の「What drives you ?」という言い回しで使われている"drive"からきており、「あなたの原動力は何ですか?」「あなたを突き動かすものは何ですか?」と同じ意味で、株価を動かす原動力は何かを把握することが大切だということです。

このドライバーは、業種や銘柄によってさまざまです。そのため、投資する企業の株価ドライバーを個々に探していく必要があります。

たとえば、小売株や外食株であれば月次売上の前年同月比の伸び率、鉄鋼株であれば鉄鋼価格の推移、商社株であればコモディティ価格の推移、半導体株であれば世界の半導体の販売額に対する受注額の比率（BBレシオ：Book-to-Bill Ratio）だったりします。

結構、マニアックなドライバーも過去にありました。デジカメが普及し始めたころのことです。いまはなき三洋電機の利益がデジカメの普及とともに拡大していたときがあったのですが、株価は国内外のデジカメの生産、販売、輸出、在庫動向データを加工した指標にぴったりと連動する推移をしていました。また、コニカ（現コニカミノルタ）がデジカメ用のCCDレンズを生産していたのですが、この利益率は非常に高かったことから、株価はこの生産個数と連動していました。

## ④カタリストを見い出す

株価が上がるきっかけとなるものがカタリスト（きっかけ・トリガー）です。私はこの「カタリストを見つける」ことが投資の勝率を上げることにつながると考えています。

たとえば、業績も良い、経営者も良い、企業価値から逆算した株価が、いまの株価より高い会社があるとします。しかし、株価が割安なのには、それなりの理由がある場合がほとんどですから、割安な株価が上昇に転じるためのカタリストがなければ、その会社の株を買っても儲かる可能性は高くないと思います。では何がカタリストになるかといえば、今後その企業の事業モデルが変わることによって大幅増益が見込める、経営陣が若返ることで従来の安定経営から新規事業に積極的になってより高成長が期待できる、といったものなどがあります。あるいはシンプルに、上方修正や下方修正を発表する可能性が高い、といったものもカタリストといえます。また、「経営者の意識」もカタリストとして重要です。上場企業のなかには、残念なことに企業の時価総額を上げることが重要と考えていない企業も存在します。これらの企業を投資対象としても成果の回収は見込みにくいため、投資対象からは外すほうが賢明です。上場している企業の経営者は、自らの時価総額が本来の企業価値で評価されているかどうかを常に意識するべきで、評価されていないと思うのであれば正当に評価されるための投資家対応をしていく必要があります。私が投資対象を決めるときはこのような経営者の意識にも注目して投資する企業を選別していますが、実際に、経営者の意識ひとつで会社が大きく変わり、それが時価総額に反映されていく例も数多く見てきました。

## ⑤投資は連想ゲーム

投資をする際に、連想ゲームのように考えている人は多いと思います。

たとえば、自動車が海外でよく売れていると聞くと、まず自動車株に買いが入りますが、それに乗り遅れたら、関連している自動車部品も売れるはずと、自動車部品会社株が買われるという具合です。とくに、デイトレーダーたちはこの連想ゲームがとても得意です。たとえば、任天堂のポケモンGOが米国でヒットし始めたと聞くと、まずは任天堂の株価が急上昇しましたが、それに乗れなかった人たちが、任天堂のサプライヤーを買い、またVR・AR技術を使ったゲーム株も買われました。フィンテック（ITを駆使して新しい金融サービスを生み出したり、既存の金融サービスを見直したりする動き）がテーマとして騒がれたときも同じです。フィンテック関連銘柄が次々に買われ、終盤には「その会社の何がフィンテックなの？」というような会社も、フィンテックという言葉を発しさえすれば買われました（**図表0―1、0―2、0―3**参照）。

昨今はいわゆる「テーマ」で短期間に株価が乱高下するようになりましたが、こうした連想の情報がSNSなどを通じて瞬時に大多数の人たちに広まるようになったこともひとつの理由だと思います。

個別銘柄ではなく、株式相場を取り巻く情勢について連想ゲームのような考え方ができた事例を挙

### 図表0-1 フィンテックがテーマになると、関連銘柄が次々に買われた①
—— インフォテリア（ソフトサービス会社）

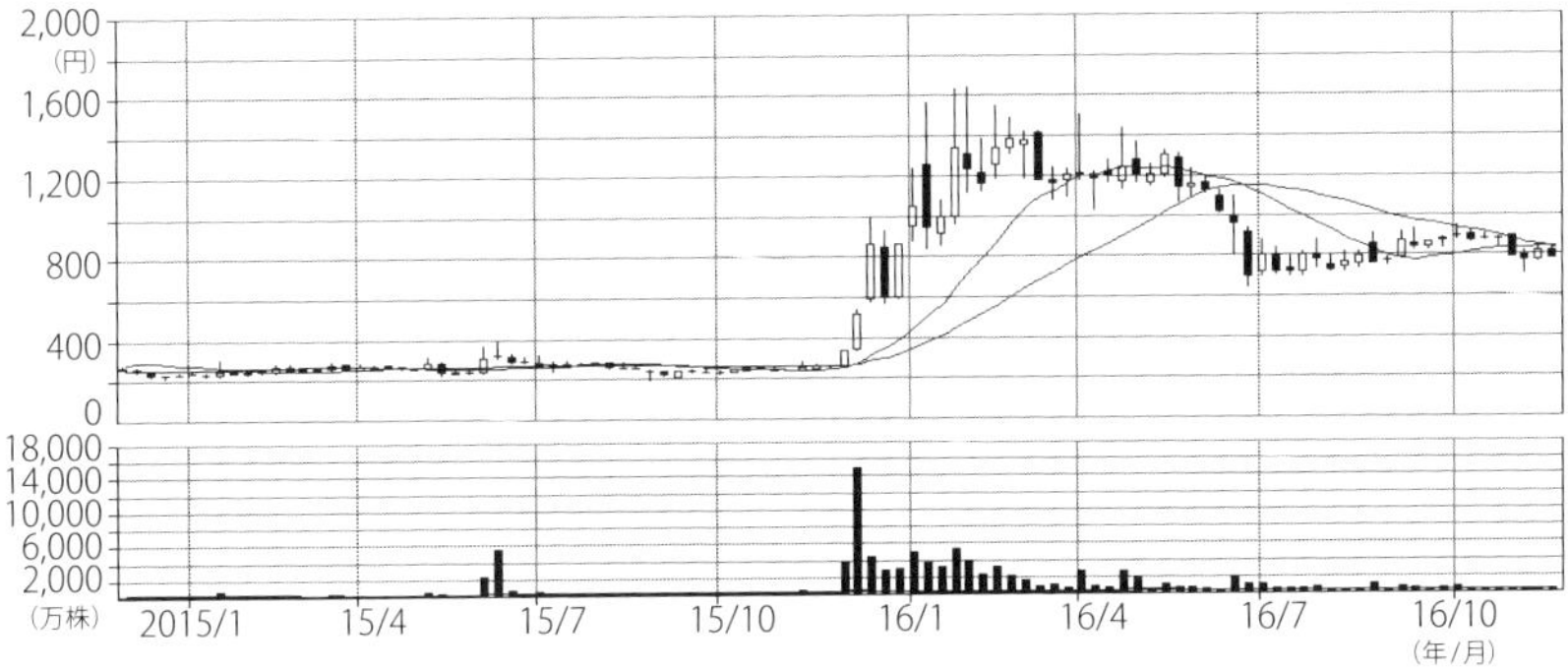


### 図表0-2 フィンテックがテーマになると、関連銘柄が次々に買われた②
—— さくらインターネット（データセンター運営）

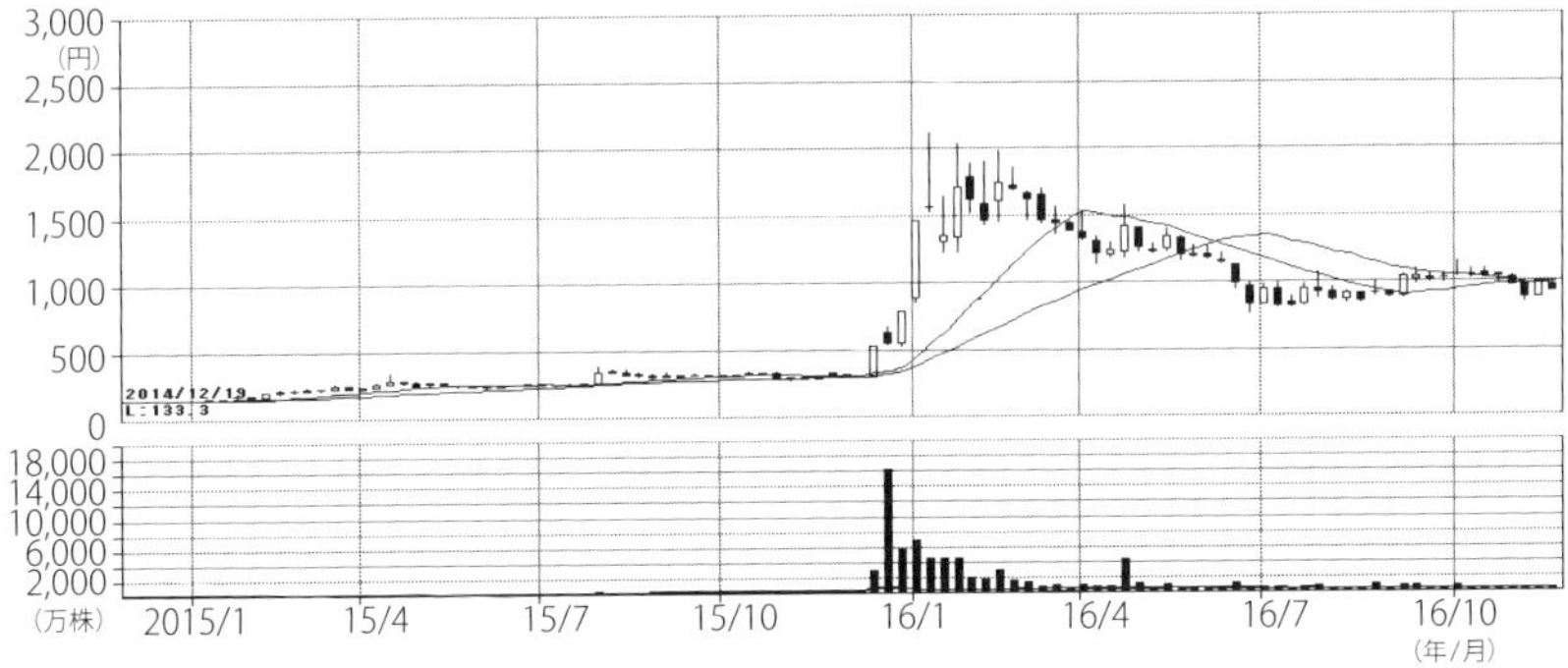


### 図表0-3 フィンテックがテーマになると、関連銘柄が次々に買われた③
—— マネーパートナーズ（FX大手）

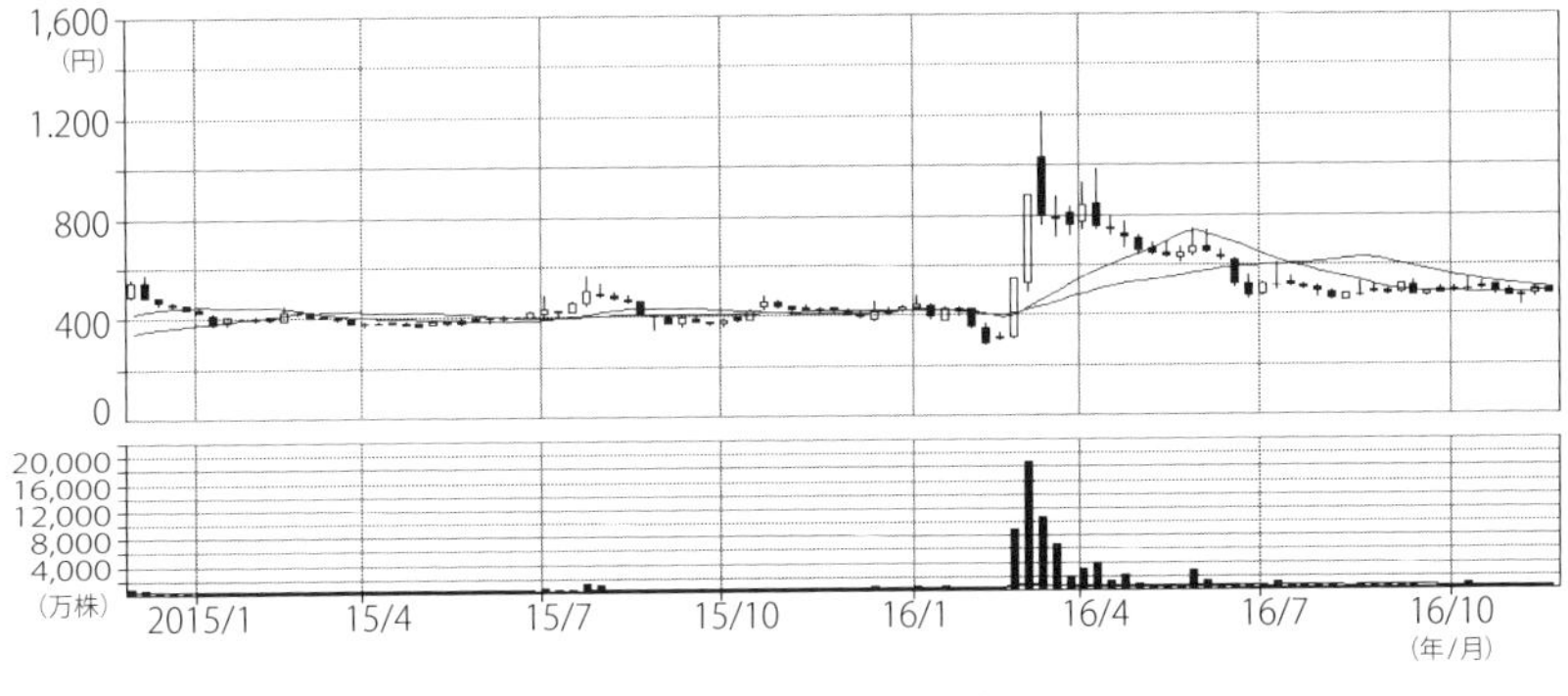

げると、たとえば、2013年に、米国のQE3（Quantitative Easing 3＝量的金融緩和第三弾）が終了する可能性を当時のバーナンキFRB議長が伝えたことで、株式相場下落、新興国通貨下落、コモディティ価格下落、円高という動きになったことがあります。

米国がQEを開始したとき、中央銀行は銀行から金融資産を買い、マネーサプライを増加させるとともに利回りを低下（債券価格は上昇）させました。これにより、米ドルの価値は下がり、金融機関に投入された資金は投資に回されました。その投資資金の行先のひとつが金、石油などのコモディティ市場やそれを生産する新興国市場でした。

QEの終了で、それら資産への資金投入がストップし、「QE開始時と逆の動きが起こる」という連想が拡がり、リスクオフ（より安全な資産に資金が向かいやすい状況）が起こったのです。そして、実際2014年10月末にQEが終了してから、コモディティ価格は激しさを増して下落することとなりました。

# 第1章

UNDERSTANDING THE STOCK MARKET

# 株式市場とは
# どういうところか？

# 金融市場における株式市場の位置づけ

## 長期のお金の貸し借りを行なう

### お金の貸し借りを行なう場が金融市場

株式市場は、「金融市場」の一部です。では、金融市場はどういうところなのでしょうか。

金融市場とは、簡単に言うと、お金の貸し借りを行なう場です。手元にお金が余っている人は、それを貸すことで資金を増やしたいと考えるでしょうし、面白いアイデアを事業化したいけれどもお金がない人は、誰かからお金を借りて事業を起こしたいと考えているでしょう。この両者のあいだを取り持つのが金融市場です。

金融市場は資金の貸し借りの期間によって、「短期金融市場」と「長期金融市場」に分かれます。それぞれ、どのような違いがあるのかを、もう少し説明してみましょう。

短期金融市場を通じて行なわれる貸し借りの期間は1年未満です。その代表的な市場が「コール市場」で、ここでは銀行同士が資金の貸し借りを行なっています。銀行間で行なわれる金融取引なので、これを「インターバンク市場」ともいいます。

コール市場では「翌日物」といって、最短、借りた日の翌日に資金を返済するという、超短期の資金の貸し借りが日常的に行なわれています。銀行は、金庫の中にお金がうなるほどあるように思われていますが、実は決してそのようなことはありません。大勢の人たちから、預金を通じて集めたお金は貸出に回されているため、日々、銀行が企業や個人など顧客に払い出す現金の額と、実際に金庫にある現金の額は合わないのが普通です。こうした過不足が生じたとき、資金余剰の銀行が、資金不足の銀行に対して資金を融通するのが、コール市場です。

短期金融市場は、銀行間のみに取引が認められているコール市場（＝インターバンク市場）のほかに、CD（譲渡性預金証書）やCP（コマーシャルペーパー）を通じて資金の貸借が行なわれる市場もあります。これは銀行だけでなく一般事業法人も参加できる短期金融市場なので、別名「オープン市場」ともいいます。

CDとは大口の定期預金のようなものですが、譲渡性という言葉からわかるように、その保有者は資金調達の必要性が生じたとき、たとえ満期前だとしても、CD市場を通じて第三者にその預金証書を譲渡することができます。逆に資金を運用したい投資家は、CDを譲渡したい保有者から買い取ることによって、短期的な資金運用ができます。

CPは短期の無担保約束手形で、一般事業法人が発行するものです。発行されたCPは機関投資家が買い手になり、一般事業法人は短期の資金を調達できます。逆に機関投資家は、CPを購入することで短期の運用ができます。

## 株式市場は長期のお金の貸し借りを行なう場所

一方、短期金融市場と対になる長期金融市場は、1年以上の資金の貸し借りを行なう金融市場です。ここまできて、ようやく「株式市場」の名が登場します。長期金融市場は、債券市場と株式市場に分かれます。

債券市場では、国債や地方債、社債などが発行され、それを投資家が購入することによって、発行体である国(政府)、地方自治体、企業に資金が流れます。

株式は事業法人にのみ認められた資金調達手段で、企業は発行した株式を株式市場に上場させることによって、不特定多数の投資家から資金を調達できます。

債券と株式は同じ長期金融市場ですが、両者には大きな違いがあります。債券はあらかじめ償還日が決まっており、その日までに調達した資金を投資家に返済する義務があります。これに対して株式を発行して調達した資金には返済義務がなく、その全額を企業の株主資本に充当できます。こうした違いから、債券を発行して調達した資金を「他人資本」、株式を発行して調達した資金を「自己資本」ともいいます。

LECTURE 1-2

# 株式市場の役割

## 発行と流通という2つの機能がある

### 発行市場としての機能とは何か？

長期金融市場である債券市場と株式市場は、それぞれ「発行市場」と「流通市場」という2つの機能に分けられます。

両者の違いは次のようになります。

発行市場：新たに発行する株式や債券の出資者を募集する市場

流通市場：すでに発行された株式や債券を投資家のあいだで売買する市場

株式を例に説明していきましょう。

株式を発行できるのは、前述したように事業法人（民間企業）のみです。2016年11月末現在、東京証券取引所に上場されている企業数は、3531社です。ちなみに、東京証券取引所は1部市場、2部市場というように複数の市場があり、それぞれの上場企業数は、次のようになります。

1部市場……………………………1994社
2部市場……………………………537社
マザーズ……………………………225社
JASDAQスタンダード………716社
JASDAQグロース………………43社
TOKYO PRO Market ……………16社

以上の合計で3531社が東京証券取引所に株式を上場していることになります。

一方、日本には現在、およそ400万社の会社が存在するといわれていますが、株式会社を名乗っていたとしても、「不特定多数の投資家から資金を調達」できるようにするためには、株式を発行するだけではダメで、それを証券取引所に上場しなければなりません。つまり「上場企業」になって初めて、幅広い資金調達ができるようになるのです。

さて、株式の発行市場とは、企業が株式を上場し、初値がついて資金調達額が確定するまでの過程を指しています。具体的には、次のような過程をたどります。

## ①新規上場（IPO）の発表

ある企業が株式の新規上場を決定すると、東京証券取引所のホームページに公表されます。そして、主幹事証券会社、副幹事証券会社を通じて、その企業の株式を買いたい投資家を募集します。

## ②ブックビルディング

新規上場株式を買い付けるためには、主幹事証券会社、副幹事証券会社を通じて「予約」を入れる必要があります。この予約をブックビルディングといいます。また、買い付けることに手を上げた投資家は、「いくらなら何株を買ってもいいか」ということを、事前に宣言しなければなりません。

とはいえ、これまで上場されておらず、株価も提示されていない銘柄ですから、いくらで買えばいいのか見当がつかないのが普通です。そこで、あらかじめ「1000〜1500円」というように値幅を持たせて、仮の株価が提示されます。この参考価格は主幹事証券会社が上場予定の企業の同業比較などから算出します。主幹事証券会社は売り出し株数をすべて売りたいと思うため、仮の株価水準はすでに上場している同業者よりも割安な水準で定められることが多く、最終的に発行企業の取締役会で仮の価格は決定されます。相場環境が相当悪いとか、人気のない企業以外はこの価格帯の上限で買付け宣言するのが一般的です。ちなみに、相場環境が悪いときにＩＰＯが少なく、良いときにＩＰＯが多いのも、証券会社が売り出し株数をすべて売ることができるかどうかが多少なりとも関係しています。相場環境が良いときのほうが株価は高くつく可能性が高いため、ＩＰＯも多くなります。

## ③公募価格の発表

ブックビルディングが終了すると、公募価格が決まります。公募価格は、主幹事証券会社、副幹事証券会社で行なわれたブックビルディングを通じて提示された予約の金額をもとにして決定されますが、通常は値幅の最上限価格で決定されます。

## ④抽選

新規上場銘柄は人気があるので、多くのケースで抽選が行なわれます。そして当選した場合は、買付代金を全額振り込みます。新規上場銘柄は現物のみなので、買付代金は全額入金が原則となります。新規上場のすべての当選株数に公募価格を掛けて諸費用を引いたものが、新規上場企業の資金調達額になります。

## ⑤上場日

前記のプロセスを通じて、いよいよ上場日当日を迎えます。そして、上場日の寄付で初値が決まるわけですが、新規上場銘柄は人気が高いケースが多く、上場初日にはなかなか初値がつかないこともあります。場合によっては翌営業日以降に初値が持ち越されるケースもあるくらいです。

こうして新規上場初値は、公募価格よりも高くなる確率が高いのですが、それは市場環境によっても変わってきます。株式市場が低調なときに行なわれた新規上場は、初値が公募価格を割り込んでしまうケースもあります。公募価格で新規上場銘柄を取得した投資家は、とくに個人を中心にして、上場初日の値上がり益を期待しており、初日に売ってくる可能性があります。そうした売り物に対抗して初値が公募価格を上回るためには、売り物をこなしつつ、さらに株価を上昇させるだけの強い買い意欲が必要になります。そのためには、市場環境が好調であることが重要になってくるのです。

このようにして新たな企業が上場され、資金を調達するまでの①～⑤までのプロセスが、株式の発行市場です。

## 流通市場としての機能とは何か？

次に流通市場です。

前述したように、株式を発行して調達された資金は、企業がその全額を株主資本に充当できます。つまり債券のように、投資家に返済する義務がありません。

発行市場しか存在しなかったら、株式を購入した投資家の側からすれば、企業に資金の返済義務がないことは非常に都合が悪い話です。何しろ、投資家が出資した資金は、企業の株主資本に充当されていますし、株式には債券のような償還日がないので、投資家にとって都合の良いときに、株式を現金に替える術がありません。そんなことになれば、誰も株式に投資しようとは思わないでしょう。だからこそ流通市場が必要なのです。

流通市場は、投資家同士が株式を売ったり買ったりする市場のことです。流通市場があれば、債券のような償還日というものがなくとも、株式を保有している人は、それを欲しいという投資家に売ることによって現金化できます。

ちなみに、以上の説明と同じことは、株式市場だけでなく債券市場にも当てはまります。債券の場合は償還日があるといっても、たとえば最長の40年もののともなれば、これが償還を迎える40年後まで保有し続ける投資家はおそらく皆無に近いでしょう。大半の投資家は、40年後の償還日を迎える前に、流通市場においてこの債券を売却して現金を手に入れようとするため、やはり流通市場が必要なのです。

このように、発行市場と流通市場は、長期金融市場にとって、まさにクルマの両輪そのものであり、どちらか一方が機能不全に陥れば、長期金融市場そのものが機能しなくなるのです。

# 株式市場への上場基準

## すべての会社が株式を上場できるわけではない

### 上場できるのはすべての企業の０・０９％程度だけ

債券市場とともに長期金融市場の一翼を担っている株式市場ですが、両者をくらべてみると、資金を調達する側からすれば、債券発行よりも株式発行のほうがはるかに有利な条件に感じることが、おわかりいただけるかと思います。債券発行の場合だと、返済の期日はありますし、それまでのあいだ、購入してくれた投資家に対して金利を払わなければなりません。

これに対して株式発行による資金調達は、調達した資金を返済する義務がなく、全額を使うことができます。また、投資家（株主）に対して、事業によって得られた利益の一部を配当金として支払う企業が大半ですが、それ自体は強制されるものではありません。実際、上場企業のなかには、さまざまな理由で配当金を払わない、いわゆる無配の企業があります。

投資家から集めた資金には返済義務がなく、しかも配当金を払う必要もないとなれば、企業からすればこんなに魅力的な資金調達手段はないわけです。ただ、一見すると資金調達する側からみれば有利に思えても、デメリットはあります。株式を投資家に売却するということは、会社の一部が投資家のものになるということで、投資家が常に自分の投資利回りを高めてくれるか、きちんと企業統治されているか目を光らせているため、上場企業となったら個人商店のように経営者の思いどおりの経営はできなくなります。

それでも魅力的な資金調達の手段に違いありませんが、どの企業にもこの資金調達の手段が認められているわけではありません。前述したように、日本の企業数は400万社前後あるわけですが、このうち株式を上場している企業数は、わずか3531社です。率にして0・09％程度でしかない狭き門なのです。なぜ、狭き門になっているかといえば、株式を上場するためには、相応の厳しい資格要件があるからです。この、株式を証券取引所に上場するための資格要件を、「上場審査基準」といいます。

前節でも触れたように、東京証券取引所には、本則市場といわれる1部市場と2部市場、本則市場以外のマザーズ市場、JASDAQ市場、TOKYO PRO Marketがあります。

本則市場とは東京証券取引所のなかでメインとなるマーケットのことで、ここには日本を代表する大手企業の株式が上場され、取引されています。本則市場以外は、ベンチャー企業を中心とした新興企業向けのマーケットです。

ちなみに、証券取引所は現在、東京以外に名古屋、福岡、札幌にあり、本則市場という場合は東証1部、2部に加えて、名古屋証券取引所の1部と2部、福岡証券取引所、札幌証券取引所に上場されている銘柄も含まれます。また、新興市場は東証のマザーズ市場、JASDAQ市場、TOKYO PRO

Marketに加え、名古屋証券取引所のセントレックス、福岡証券取引所のQ-Board、札幌証券取引所のアンビシャスがあります。

## 新興市場のほうが上場への門戸が広い

東証1部、2部の本則市場と、マザーズ市場、JASDAQ市場など新興市場では、上場審査基準の厳しさに違いがあります。

本則市場の場合、2部市場でも上場時の株主数は、見込みで800人以上、1部市場に至っては2200人以上が必要ですが、マザーズ市場では200人以上で済みます。上場時の時価総額は、東証2部市場が20億円以上であるのに対して、マザーズ市場が10億円以上です。また、本則市場の場合は、最近2年間の利益の総額が5億円以上であること、もしくは時価総額500億円以上であることが規定されていますが、マザーズ市場の場合は、利益の額や時価総額に関する規定は設けられていません。極端な話、直近の決算が赤字の企業でも上場できるのです。

したがって通常は、企業が株式を上場する際に、まずは新興市場への上場を目指し、新興市場への上場後、会社の規模などが大きくなった段階で、1部市場、もしくは2部市場への市場変更を目指します。

とはいえ、これらの上場審査基準を満たして上場することができる企業は、そう多くありません。日本には400万社もの会社があるとはいえ、その大半は上場審査基準を満たせるほどの経営規模を持っておらず、大半の会社は未上場のままです。

もちろん、未上場企業でも株式を発行し、第三者から資金を調達することは可能です。ただ、その際には縁故者や取引先など自分の知り合いの範囲内で自社の株式を持ってもらうようにお願いし、資金を調達しなければなりませんから、調達できる額も小さくならざるを得ません。または、ベンチャー投資ファンドに興味を持ってもらえれば、そこからより大きい金額を調達することも可能ですが、投資家は投資回収のために経営にも口を出すため自由度は失われます。

それに対して、株式を上場すれば、不特定多数の投資家を相手に株式を売って、資金を調達することができます。そして、多くの投資家は未上場企業に投資する投資家ほど経営に口を出すことはありません。ここが、未上場企業と上場企業の資金調達における最大の違いです。

株式は、その発行会社が倒産すると、株主は自分の出資した金額の範囲で出資者責任を負います。つまり、投資した資金が手元に戻らなくなる恐れが生じますから、上場する以上、投資家の投資判断に資するべく、経営内容をしっかり開示する義務を負うのです。

## 衰退する地方証券取引所

かつて証券取引所は日本全国に存在していました。具体的に挙げると、東京証券取引所、大阪証券取引所、名古屋証券取引所、福岡証券取引所、広島証券取引所、京都証券取引所、神戸証券取引所、新潟証券取引所、札幌証券取引所という9つの証券取引所が存在していたわけですが、徐々に吸収・

合併を繰り返し、現在は日本取引所グループの傘下として東京証券取引所と大阪取引所があり、その他の地方証券取引所としては、名古屋証券取引所、福岡証券取引所、札幌証券取引所を残すのみになりました。

このように地方証券取引所が消滅の道をたどったのは、時代の流れから考えて必然のことでした。もともと日本全国に9つの証券取引所が存在していたのは、地方に散在する株主の近くに流通市場を開設することによって、株式売買活動を容易にするためだったわけですが、当時は通信手段が固定電話に限られ、交通手段もいまほどには高速化が進んでいない時代だったからと考えられます。現代のように、インターネットによる通信網が発達し、交通手段も高速移動が可能になれば、全国に証券取引所を設けておく必要はなくなるわけです。その結果、全国に9つあった証券取引所は、日本取引所グループと名古屋証券取引所、福岡証券取引所、札幌証券取引所の4つに集約されるに至りました。

こうした証券取引所の集約化プロセスにおいて、最も大きかった動きは、何といっても東京証券取引所と大阪証券取引所の合併です。

両証券取引所はそれまで、東と西の両横綱的な存在として競争していたのですが、世界的な取引所間の競争が激化するなか、国内証券市場の活性化を図るため、経営統合が行なわれました。2013年1月、日本取引所グループが発足して東証1部市場に上場。同グループを持ち株会社として、その傘下に、東京証券取引所と大阪取引所がぶら下がる形で再編されました。ちなみに大阪証券取引所は現物株式の取引をすべて東京証券取引所に移管するとともに、デリバティブを専門に扱う取引所として、その名称も大阪取引所に変更されました。

また、地方証券取引所として残っている名古屋証券取引所、福岡証券取引所、札幌証券取引所については、東京証券取引所との重複上場企業もある一方で、その取引所のみに株式を上場している単独上場企業も存在します。ちなみに各地方証券取引所の単独上場企業数は、２０１６年12月現在において次のようになります（本則市場のみ）。

福岡証券取引所………29社
名古屋証券取引所……77社
札幌証券取引所………9社

また、それぞれの新興市場の単独上場企業数は、次のようになります。

セントレックス市場（名古屋証券取引所）…12社
Ｑ―Ｂｏａｒｄ市場（福岡証券取引所）……6社
アンビシャス市場（札幌証券取引所）………6社

LECTURE 1-4

# 市場は証券取引所だけではない⁉

## 縮小するPTS市場と拡大するダークプール

### PTS（私設取引システム）とは何か？

国内株式市場の取引時間は、前場と後場に分かれており、前場は午前9時から取引がスタートして午前11時半まで、後場は午後12時半からスタートして午後3時までになります。かねてから、東京証券取引所の夜間取引については議論がなされていますが、現状はまだ実現していません。

その代わりではありませんが、日本ではPTS市場といわれるものがあります。これは個別の証券会社などが独自に私設取引システムを稼働させ、夜間など取引所が開いていない時間帯でも株式の取引ができるようになっているものです。ちなみにPTSとは、Proprietary Trading System の略で、文字どおり「私設取引システム」のことです。

1998年12月、証券取引法の改正によって「取引所集中義務」が撤廃されました。取引所集中義務とは、上場株式の売買注文が顧客である投資家からきたとき、証券会社が直接、その注文に応じることを禁じるとともに、その売買注文をいったん証券取引所に通すことを義務づけたものです。

株式を売買するときには証券会社に売買注文を発注しているため、あたかも証券会社が顧客の注文に応じているかのように見えますが、証券会社はあくまでも顧客の注文を仲介しているだけで、実際には、売買注文の大半が証券取引所に集められており、そこで売りと買いの付け合わせが行なわれています。つまり、投資家は証券会社の仲介のもと、証券取引所という株式の売買注文を付け合わせる場を通すことによって、他の投資家を相手に売買を行なっているのです。こうした取引の流れのなか、投資家の売買注文をすべて証券取引所に集約することを義務づけていたのが、「取引所集中義務」です。

この取引所集中義務が撤廃されたのは、投資家の取引に対するニーズが多様化した結果、取引所集中義務に縛られていてはそれに対応できず、放置しておけば、日本の証券取引の地盤沈下につながる恐れが高まってきたからです。

これによって実現したのがＰＴＳ市場です。取引所集中義務がなくなれば、取引所が開いている時間以外での取引が可能になります。前述したように、東京証券取引所の現物株式市場の取引時間は、午前9時から午前11時半、午後12時半から午後3時までですが、現在、運営されているＰＴＳ市場は、デイタイムセッションが午前8時20分から午後4時まで、ナイトタイムセッションが午後7時から午後11時59分までとなっています。

デイタイムセッションの取引時間帯を見ればわかるように、取引所とＰＴＳ市場とでは、重複している取引時間帯があります。取引所の前場と後場の時間帯にはＰＴＳ市場のデイタイムセッションも行なわれているため、投資家は両者のいずれにも注文を出すことができます。

ただ、PTS市場は取引所に比べて取引量が少ないため、自分が買おうとしたときに売り物がなかったり、逆に手持ちの銘柄をPTS市場で売ろうとしたときに、買い手がいなかったりするケースがあります。したがって、取引所が開いている時間帯は、PTS市場ではなく取引所に注文を出すのが普通です。

PTS市場がその本領を発揮するのは、やはり取引所の取引時間が終了した午後3時以降となります。たとえば企業の決算内容は、午後3時以降に発表されるケースが多いため、決算内容が想定した以上に良かったり悪かったりした場合、翌営業日の寄付（取引開始）を待たずに売買できるというメリットがあります。

また、日本の株式市場は米国株式市場の影響を受けやすいので、米国の株価が値上がりすれば、翌営業日の日本の株価も値上がりする傾向があります。米国の株式市場が開くのは、標準期間で日本時間の午後11時半から、サマータイム期間で午後10時半からです。標準期間だとナイトタイムセッションの終わりまで約30分、サマータイム期間だと約1時間30分は、米国市場の動向を見ながらPTS市場で日本株の売買ができることになります。

ただ、こうしたメリットがある反面、PTS市場にはデメリットがあります。それは、取引所に比べてPTS市場は取引量が少なく、流動性が低いため、時としてニュースなどに過敏に反応した投資家の売買によって、株価が乱高下するリスクがあることです。ポジティブなニュースが出て、PTS市場で盛り上がった株価が、翌営業日に取引所が開いた後、ほとんど値上がりせず、最終的に損をしてしまうといったケースもあるのです。

さて、このように使い方次第では非常に利便性の高いPTS市場ですが、現在、PTS市場はむしろ縮小傾向にあります。
一時は、次のようなＰＴＳ市場がありました。

松井証券即時決済取引（松井証券）
kabu.com PTS（カブドットコム証券）
マネックスナイター（マネックス証券）
楽天証券ＰＴＳ（楽天証券）
ダイワＰＴＳ（大和証券）
ＳＢＩジャパンネクストＰＴＳ（ＳＢＩ証券）

しかし、２０１１年から２０１２年にかけて、松井証券、カブドットコム証券、マネックス証券、楽天証券、大和証券の各社はＰＴＳ市場から撤退。２０１６年12月時点で、個人向けのＰＴＳ市場を運営しているのは、ＳＢＩ証券の「ＳＢＩジャパンネクストＰＴＳ」のみです。

なぜ、大半の証券会社がＰＴＳによる夜間取引から撤退したのかというと、取引量が増えずに不採算が続いたからです。そして、取引量が増えなかった理由として、ＰＴＳ市場での取引に信用取引が認められなかったことを挙げる声もあります。

## ダークプールの隆盛

ＰＴＳ市場による個人投資家向けの夜間取引は、前述したように採算割れなどの問題があり、そのサービスを提供していた多くの証券会社が撤退しました。

しかし、ＰＴＳ市場をはじめとする取引所外取引がすべて凋落の一途をたどっているわけではありません。実は同じＰＴＳ市場でも、個人投資家向けではなく機関投資家向けのサービスは逆に盛り上がりつつあります。というのも、２０１２年10月から「ＴＯＢ５％ルール」の規制緩和が行なわれ、ＰＴＳ市場については適用除外になったからです。

ＴＯＢ５％ルールというのは、投資家が取引所外取引で株式を買い付け、その所有比率が５％を超えたとき、新たに買い増すごとにＴＯＢ（株式公開買付）を実施しなければならないというものです。ただ、取引所取引については、従来からＴＯＢ５％ルールの適用除外でした。それが２０１２年10月以降、取引所外取引についても、ＴＯＢ５％ルールの適用を除外することが認められたのです。これによって取引の煩雑さが減ったことにより、とくに機関投資家を中心にした取引所外取引が、徐々に盛り上がってきました。

また、取引所外取引において、近年注目を集めているのが「ダークプール」の存在です。ダークプールとは、証券会社が大口投資家向けに提供しているサービスで、証券会社内のシステム内において売買注文を成立させる方法です。したがって、取引所は一切通さずに、売買注文を執行します。

ダークプールには、どのようなメリットがあるのでしょうか。それを活用して売買を行なっている投資家の側からすると、次のような点が考えられます。

**①匿名性を持たせた取引ができる**
**②取引コストを安くできる**
**③約定単価の改善が期待できる**

ダークプールで行なわれる取引は、取引所を一切通さないことから高い匿名性が維持されます。大口の売買注文でも、どの投資家がその注文を出したのかが、まったくわからないのです。

たとえば、ある運用会社が同一企業の株式を20万株取得したいと考えていたとします。これを普通に注文すると、取引所に注文が行き、「どこそこの運用会社が20万株の買い注文を入れた」という情報が、他の投資家のあいだに周知されます。当然、この銘柄を買おうとしている投資家にとっては、こうした情報が事前に流れたことによって、その他大勢の投資家が買いで入ってくるようなことが起こると、株価が上昇して高値で買わされてしまうことになります。

大口の売買注文を取引所経由で発注すると、このように他の投資家の売買注文に影響を与えて株価を動かしてしまう恐れがあるので、ダークプールを通じて取引を成立させるのです。ダークプールであれば投資家の匿名性が維持されますし、取引所を通さず、ダークプールを運営している証券会社のなかで注文を成立させることができるので、直接的に株価の需給関係に影響を与えることはありません。大口の投資家にとっては、取引の円滑化とマーケットインパクトを最小限に抑えられるため、非常に使い勝手が良いのです。

また取引所取引では、呼び値（売買注文を出すときの値段の刻み）が1円単位の銘柄であったとしても、ダークプールの取引は、0・1円単位での刻みになることから、より細かい価格で売買を成立させることができます。その結果、少しでも安い株価で買いたい、あるいは少しでも高い株価で売りたいと考えている大口投資家にとっては、取引コストや約定単価の改善が期待できます。億円単位の取引を日常的に行なっているような投資家にとっては、取引コストや約定単価の改善で得られる経済効果は、きわめて高いものになります。

今後、株式市場の機関化（機関投資家の持ち株比率が増えること）が進めば、ダークプールをはじめとする取引所外取引の重要性が高まり、取引所取引を凌駕する存在になる可能性が高まっていくでしょう。

# 第 2 章

UNDERSTANDING THE STOCK MARKET

# 株価が決まるしくみ

LECTURE 2-1

# 注文の仕方と株価

## 価格優先、時間優先という2つの原則

### 注文の仕方は成行注文と指値注文の2つ

株式に投資する際は、証券会社に注文を出すわけですが、注文方法は大きく分けて2つあります。成行《なりゆき》注文と指値《さしね》注文です。

成行注文は、売買価格を指定せず、銘柄と株数だけを指定して、約定はそのときの相場の成行（板の状態）に任せるというものです。したがって、相場の強弱によって、想定外の高値で買うことになってしまったり、逆に想定外の安値で売ることになってしまったりします。

これに対して指値注文は、銘柄と株数に加えて、売買価格も指定する注文方法です。板に並んでいる買い株数、売り株数は、この指値注文によるものです。指値注文の場合、買いであれば、現在の株価が自分の指定した株価またはそれよりも安ければ（有利であれば）注文を執行します。逆に売りであれば、現在の株価が自分の指定した株価またはそれよりも高ければ（有利であれば）注文を執行します。指

値注文をすれば、買う場合にしても売る場合にしても、自分が希望した株価よりも不利な株価で約定されることはありません。しかし指値注文の場合、指定した株価にならないと約定されないので、株価の値動き次第では、約定されないケースも出てきます。また、指定した株価になったとしても、約定されないケースもあります。これは、株式の約定に際して一定のルールがあるからです。

## 注文を成立させるための2つのルール

そのルールとは、「価格優先の原則」「時間優先の原則」といわれるものです。

価格優先の原則とは、「売買注文は指値注文に対して成行注文が優先される」というものです。同じタイミングで出された注文は、成行注文が指値注文に優先して約定されます。

次に時間優先の原則ですが、これは「同じ注文であれば、原則として早い時間に出された注文が、遅い時間に出された注文に優先して約定される」というものです。そして、価格優先の原則は、時間優先の原則よりも優先されます。つまり早い時間に出された指値注文よりも、遅い時間に出された成行注文のほうが優先して約定されるのです。

このように、約定の優先順位を考えると、どうしてもいま約定させなければならないのであれば、指値注文ではなく成行注文を選ぶべきでしょう（ただし、それによって約定は優先的に行なわれますが、相場の地合い次第では、自分が想定していたのとは違う株価で約定されるリスクがあります）。逆に、どうしても約定株価にこだわるのであれば、指値注文を選ぶべきでしょう。

もちろん、指値注文の場合、結局のところ約定されないまま、自分が予定していたのとは異なる株価になってしまうケースというのが当然のことながらあり得ます。たとえば、1500円で指値買い注文を出していたのに、一度も1500円をつけないまま、株価が2000円、2500円と上がってしまい、買うことができないようなケースです。したがって、どうしてもその銘柄を手に入れたい、あるいはどうしても売らなければならないときは、指値ではなく成行で売り注文を入れておいたほうが約定される確率が上がります。なお、成行で注文を出す際に、これから売買しようとしている株数がその銘柄の平均出来高の5％以下であれば、基本的に株価に大きな影響を与えることはないでしょう。

## 株式の取引単位

成行注文と指値注文について解説しましたが、実際に株式の売買注文を出す際には、取引する株数を決める必要があります。取引する株数は投資家が自分の好きな株数で自由に売買できるものではなく、あらかじめ決められた取引単元に基づいて、取引する株数を指定する必要があります。

「単元」とは、株式の発行企業が一定の株数を1単元とし、それを株式市場における自社株式の最低取引株数に決めるものです。かつては「単位株制度」といって、額面金額を5万円として、1株の額面金額で除した株数を、「1単位」としていました。たとえば、1株の額面金額が50円なら、5万円÷50円＝1000株が、最低取引単位になったのです。

しかし、この単位株制度は2001年の商法改正で廃止となり、現在は「単元株制度」といって、前述したように株式の発行企業が、好きな株数を1単元に指定できるようになっています。

現在、1単元の株数は何株なのかということですが、かつて単位株制度のときに1000株を1単位としていた企業の多くは、現在も1単元を1000株としているケースが多いようです。また、それに次いで多いのが、100株を1単元にしている企業です。株価が4000円、6000円というように高い、いわゆる値がさ株の場合、1000株単位だと最低投資金額が大きくなり、個人投資家が売買しにくく、結果的に流動性不足に陥る恐れがあることから、東京証券取引所は望ましい投資単位として5万円以上50万円未満という水準を明示しています。この水準に収まるように、値がさ株の企業は1単元を100株にしているケースが多くみられます。

しかし、その一方で、投資単位については東証が「望ましい」としているだけで強制ではないため、ユニクロや任天堂など日本を代表する銘柄に投資するための最低金額が数百万円必要というケースもあります。ちなみに、キーエンスは2016年12月時点で株価が7万円超、最低単位が100単位ですから、最低投資金額が700万円以上必要でしたが、2017年1月21日に1株を2株に分割し、少し投資しやすくなりました。それでも、個人が手を出すには高いと思いますので、本来なら売買単位を10に下げるほうが望ましいと思います。

# 注文が成立するメカニズム

## 市場で株価を決めるための2つのルールがある

### 板寄せ方式とザラ場寄せ方式のしくみ

株式市場というのは、文字どおり株式を取引してその価格を決めるところです。ここでは市場において、実際にどのような流れで株価の値付けが行なわれるのかについて、解説していきましょう。

株価は、どの株価水準に、どれだけの売り株数（売り板）および買い株数（買い板）があるのかによって決まります。この株価を決定する方法には、「板寄せ」と「ザラ場寄せ」の2つがあります。「板」とは聞き慣れない言葉ですが、株式を売買する際に各気配値に並んでいる注文数のことです（57ページ図表2―1参照）。また、「ザラ場」とは取引時間中のことを指します。

まず板寄せですが、これは寄付（取引開始時）と大引け（取引終了時）の株価を決めるときに行なわれるものです。日本の株式市場は、午前9時から午前11時半までの「前場」と、午後12時半から午後3時までの「後場」がありますから板寄せは、前場の取引開始時（寄付）と後場の取引開始時に加え、取引終了時（大引け）の株価を決めるときに行なわれます。

また、大きな買い注文や売り注文があって「特別気配」（売りたい人と買いたい人のバランスが圧倒的にどちらかに偏っている状態のときに、即時に売買を成立させず特別に呼値の周知を図るよう気配値段が表示されること）がついたときにも行なわれます。これは、需給の偏りによって株価が乱高下するのを防ぐために設けられているものです。ネット証券会社の取引ツールには、個別銘柄の板情報が開示されていますが、この板情報を見ると、時々、「特」という一文字が、株価の横に表示されることがあります。

たとえば、成行で20万株の買い注文を出したとしましょう。1020円の株価で2000株の売り物がある一方、1010円の株価に20万株の買い注文が入っています。この状態だと、まずは1020円で2000株の注文が成立しそうなものですが、株価は売り株数と買い株数が一致して初めて成立しますから、実際には、この状態では取引が成立しません。このようなときに1010円の特別買い気配となり、20万株の買い注文に対応する売り注文が出るまでその気配が維持されます。

しかし、3分間が経っても、1010円の特別買い気配に対応する売り注文が出てこない場合は、気配値が切り上げられます。ちなみに株価が1000円以上1500円未満の場合は、更新値幅が30円ですから、1040円の特別買い気配と1050円の売り気配に切り上げられます。そして、最終的に買いと売りの株数が一致するまで、気配値は切り上げられていくのです。

このように、売り株数と買い株数を一致させ、株価を値決めするために行なわれるのが板寄せです。

したがって、前場、後場の取引が開始されるときの株価の値決めも板寄せによって行なわれます。

次にザラ場寄せですが、これは取引時間中の株価を決めるためのものです。

たとえば、2000円の株価で5000株の売り注文が、1995円の株価で7000株の買い注文が入っているとしましょう。このとき、1995円ではなく2000円の株価で5000株の買い注文を出せば、5000株の買いと、5000株の売り注文は、即座に成立します。また、2000円ではなく1995円で5000株の売り注文を出せば、5000株の売りと、7000株の買い注文のうち5000株の買いは、即座に成立します。

前場にしても、後場にしても、取引開始時に板寄せによって株価が決まった後は、ザラ場寄せによって取引が成立していくことになります。

## 「板」にはどのような情報が入っているのか？

実際に株式を売買するにあたって、板から得られる情報はとても貴重です。短期でトレードしている投資家はもちろんのこと、長期で投資する投資家も、自分がエントリーする際に、いくらの株価なら買えるのかを把握することは大事です。

では、板を見ることによって、どのような情報を得ることができるのでしょうか。

第一に、どの株価で、いくらの株数なら買える、もしくは売れるのかがわかります。たとえば、**図表2―1**のような板がザラ場に表示されたとしましょう。

この事例だと、2410円の株価で1万8000株の買い注文、2415円の株価で1万5000株の売り注文が出ているのがわかります。もし、この銘柄を買いたいと思った場合、2415円の株価なら、1万5000株の売りものが出ているので、それ以下の買い株数なら、即座に約定できるでしょう。しかし、たとえば2万株の買い注文だと、1万5000株が約定し、2415円に買い株数の5000株が表示され、2415円で新たに5000株の売りものが出てこない限り2万株の買い注文は成立しません。

このように、板情報を見ることによって、自分が希望する買い注文、もしくは売り注文が簡単に約定されるかどうかを把握できます。

第二に、株価の方向性がわかります。買いの勢いが強いときは、売り板のいちばん下の価格から徐々に売り株数が消えて、売り板が一段ずつ上がっていきますし、逆に売りの勢いが強いときは、買い板のいちばん上の価格から徐々に買い株数が消えて、買い板が一段ずつ下がっていきます。最近は取引の高速化もあり、とくに取引が活発な銘柄だと、板の変動が非常に激しくなりますが、この値動きの傾向を見ていると、「その銘柄は売りに押されているのか、それとも買いが集まってい

**図表2-1 ◎ 板情報の例**（その1）
—— 売り板も買い板も厚い（十分な枚数がある）場合

| 売り株数（売り板） | 気配値 | 買い株数（買い板） |
|---|---|---|
| 23500 | 2500 | |
| 24000 | 2445 | |
| 10000 | 2440 | |
| 20500 | 2435 | |
| 10500 | 2430 | |
| 9000 | 2425 | |
| 7000 | 2420 | |
| 15000 | 2415 | |
| | 2410 | 18000 |
| | 2405 | 17500 |
| | 2400 | 20000 |
| | 2395 | 25000 |
| | 2390 | 24500 |

るのか」がなんとなくわかります。ちなみに、信用売りをする場合は、現物売りと異なり、基本的に直近の売買を上回る価格でしか売ることはできませんでした（アップティックルール）。しかし、2013年3月の規制の見直しで、前日終値と比較して10％以上低い価格に達してトリガーに抵触した時点から翌日の取引終了時点まで規制が適用される「トリガー方式」へと緩和されました。

第三に、これも非常に重要なのですが、流動性を把握するのに役立ちます。流動性がある状態とは板の厚さ、つまり売り板にも買い板にも、十分な株数があることです。流動性が低い状態とは、板が薄いため、思った株価で売ることができない、あるいは買えないことです。

板の大切さは、とりわけ利益確定をするときによくわかります。自分の持っている株数が5000株で、現在の株価で相応の利益が乗っているので売って利益を確定させようと考え、買い板を見たときに、**図表2―2**のようになっていたらどうでしょう。

これは買い板がほとんどない状況です。仮に2410円で5000株を指値で売ろうと思っても、現時点では、5000株の売りに応じられるだけでの買いがありません。もし成行注文にすると、5000株を売却できるところまで株価は下がってしまいます。

図表2―2の板情報だと、株価が2390円まで下がったところでも、まだ合計で700株しか売れません。さらに4300株の売りが残っているわけですから、それを消化できるところまで株価は下がってしまうのです。つまり、せっかく得られているはずの利益のうち、相応の部分が失われてしまうということです。そういう事情があることから、機関投資家など大きな資金を運用している投資家は、いつでも換金ができるように一定の流動性（売買注文の量）がある銘柄しか投資対象としないなどと決めていることも多くあります。上場している企業側においても、多くの投資家に投資対象にして

もらうためには、流動性をある程度高める努力も必要だといえます。

新興企業など、市場に出回っている株数が少ない企業の場合に、〝板が薄い〟ケースがよく見られます。トヨタ自動車のような大型株に比べ、新興市場の中小型株の値動きが荒いのは、業績の変化などファンダメンタル的な側面もありますが、そもそも市場に出回っている株数が少ないために、取引のしくみ上、そのような値動きになりやすいという側面もあるのです。

なお、市場にどれだけの株が出回っているかは、その株の浮動株比率を調べればわかります。TOPIX銘柄であれば、日本取引所グループのウェブサイト、四季報などにはすべての銘柄のものが載っています。ほかに、証券会社で口座開設をすればそれぞれの会社の取引サイトの銘柄情報画面でも見ることができます。

**図表2-2 ● 板情報の例**（その2）
――買い板が薄い（十分な株数がない）場合

| 売り株数（売り板） | 気配値 | 買い株数（買い板） |
|---|---|---|
| 23500 | 2500 | |
| 24000 | 2445 | |
| 10000 | 2440 | |
| 20500 | 2435 | |
| 10500 | 2430 | |
| 9000 | 2425 | |
| 7000 | 2420 | |
| 15000 | 2415 | |
| | 2410 | 100 |
| | 2405 | 100 |
| | 2400 | 200 |
| | 2395 | 200 |
| | 2390 | 100 |

LECTURE 2－3

# 信用取引が株価に与える影響

## 「株を売って儲けようとする」市場参加者の動きとは？

### 「カラ売り」ができる信用取引

株式市場では、現物取引で株式の売買を行なっている投資家と、信用取引を用いて売買している投資家がいます。

現物取引は文字どおり、その株式を買うのに必要な現金を用意し、株式の現物を手に入れる取引です。たとえば、1単元が100株、現在の株価が4000円の銘柄を買う場合、必要な金額は40万円です（手数料などのコストは考慮せず）。投資家は手元にある40万円という現金と引き換えに、株式を買うわけです。また売るときも、現物取引の場合は手元に売る株式があるのが原則です。ある企業の株式を100株保有しているから、株式市場でその銘柄を100株売却できるのです。

これに対して信用取引は、投資家が証券会社から資金や株式を借りて売買を行なうものです。

信用取引は、このように投資家が信用供与を受けて株式の売買を行なう制度であることから、実際に取引を始めるためには、証券会社に担保を差し入れる必要があります。担保になるのは「保証金」といわれる現金か、もしくは株式や債券、投資信託などの現物（これらを代用有価証券といいます）になります。ちなみに、担保としていくらを入れれば信用取引ができるのかということですが、これは「委託保証金率が30％」というように、法令で決められています。

委託保証金率が30％ということは、たとえば1000万円の取引を行なうにあたって、保証金をその30％、300万円預けるということです。つまり信用取引を活用すると、自己資金に対して約3倍程度の売買を行なうことができるようになります。

また、信用取引は株式を買うだけではなく、「カラ売り」「信用売り」「ショート」といって、株式の現物を保有していなくても売ることができます。これは現物取引にはできない、信用取引ならではのメリットといってもよいでしょう。信用取引は現金だけでなく、株式を借りることもできるので、株式を借りてきて、それを売ることができるというしくみです（その際には貸株料を支払います）。

カラ売りというのは、将来、株価が下がると思われる銘柄を借りてきて売り、株価が下がったところで買い戻して利益を得ようという取引です。たとえば株価が4000円の銘柄があり、将来、株価が下げそうだと思う場合、カラ売りをするのです。その後、株価が3000円まで値下がりしたら、その時点で買い戻して株式を返済すれば、その差額がカラ売りによる利益になります。

つまり、信用取引口座を持つことによって、株価の上昇局面だけでなく、下落局面も利益を確保するチャンスにできるのです。

ただし、信用取引はいくつかの点で、現物株式にはないデメリット、注意点があります。

第一に、現物株式に比べてリスクが高くなることです。前述したように、委託保証金率が30％ですから、自己資金に対して約3倍の売買を行なうことができるわけです。たとえば1000万円を保証金として差し入れて、3000万円分の売買をするとします。このように自己資金よりも大きなポジションを立てた状態で損失が生じたら、自己資金に比して大きな損失が生じる可能性があります。たとえば、3000万円のポジションに対して300万円の損失が生じた場合、ポジションに対する損失は10％強ですが、自己資金である1000万円からみれば、実に30％強の損失が生じていることになるのです。そして3000万円−300万円＝2700万円のポジションに必要な保証金（30％）は810万円である一方、実際の保証金は1000万円−300万円＝700万円になっていますから、110万円の追証が発生します。この点からすれば、いくら3倍のレバレッジが掛けられるといっても、信用枠を目いっぱい使った売買は危険だということになります。

次に、信用取引の種類によっては「期日」があることです。信用取引には制度信用取引と一般信用取引があります。

制度信用取引は、証券取引所が公表している制度信用銘柄選定基準を満たした銘柄のみを対象に行なわれる信用取引です。いうなれば、証券取引所のお墨付きのもとで行なわれる信用取引です。

これに対して一般信用取引は、証券会社と投資家のあいだで契約を結んで行なわれる信用取引で、対象となる銘柄は、その証券会社が対象として認めている銘柄に限られます。

制度信用取引と一般信用取引の違いは、取引の期限があるかないかということです。制度信用取引の場合、返済期限が6か月と決められているため、この期限内で損益を確定させる必要があります。つまり、いくら長くても6か月以内に取引を手仕舞わなければならないのです。

これに対して、一般信用取引は期日がなく、無期限でポジションを持ち続けられます。その点では現物取引に近いのですが、一般的に制度信用取引に比べて、株を借りる際の買い方金利が高めに設定され、コストが高くなります。

期日がある制度信用取引の場合、6か月が経つ時点で利益が出ていなかったとしても、取引を手仕舞わなければなりませんから、仮に含み損が生じていた場合には、その損失を実現させなければなりません。一般信用取引なら期日を気にする必要はありませんが、制度信用取引に比べて金利が割高になりますし、取引の対象銘柄も制度信用取引に比べると少なくなります。

現物取引と信用取引のどちらを選ぶのか、あるいは信用取引でも制度信用取引と一般信用取引のどちらを選ぶのかは、こうしたメリット、デメリットを考慮して決めるといいでしょう。

## 信用取引の各種指標が意味すること

信用取引を通じた買い・売りは、将来の需給を大きく動かすことにもつながります。

たとえば信用買いがたくさん積み上がっているとしましょう。それらの買いポジションは信用期日となる6か月以内のどこかで、必ず売りとなって市場に出てきます。逆に、信用売りがたくさん積み上がっている場合は、同様に必ず買いとなって市場に出てきます。つまり信用買いは将来の売り圧力であり、信用売りは将来の買い圧力になるのです。

では、いつの時点でこうした反対売買が出てくるのかということですが、たとえば今日、信用取引で買った投資家は、これからの6か月以内で、いつ反対売買をしてもいいのですから、いつの時点で反対売買の売りが出てくるのかはわかりません。

ただ、ひとつだけ参考になる材料があります。それは「高値をつけた日からの信用期日到来日」です。株価が高値をつけた日には、現物取引で買っている投資家だけでなく、信用取引で買っている投資家も大勢います。直近でいちばんの高値をつけた後の株価が下がっていくなかで、信用取引をしていてその高値をつかまされた投資家の立場を考えれば、信用期日を迎える6か月後までのあいだに損切りの売りを余儀なくされることがわかります。したがって、高値をつけて下落に転じてからの6か月間は損切りの売りが出やすく、何かのきっかけで株価の下落に拍車がかかればますます損切り売りが出ますし、あるいは信用期日直前にも株価の下落に拍車がかかりやすくなります。しかし、そのあとは売り圧力がなくなるため、株価は底を打って上昇に転じやすくなります。

これと同じことは、カラ売りをしている投資家にも当てはまります。株価が安値を打つ過程で大量のカラ売りを仕掛けている投資家は大勢います。したがって、安値をつけて上昇に転じてからの6か月間は損切りの買い戻しが出やすく、何かのきっかけで株価の上昇に拍車がかかればますます損切りの買い戻しが出ますし、あるいは信用期日直前にも株価の上昇に拍車がかかりやすくなります。

こうしたことから、株価が高値もしくは安値をつけてからの6か月間は、信用取引で損をした人の反対売買によって、株価が影響を受けるケースが多いのです。

では、具体的に信用取引の状況を見るには、どのような指標を参考にすればいいのでしょうか。

まずは「信用倍率（信用取引している投資家の買い残高に対する売り残高の割合）」です。信用倍率は次の計算式で求められます。

信用倍率＝買い残÷売り残

個別銘柄の買い残、売り残の情報は、日本取引所グループのウェブサイトやヤフーファイナンスなどで簡単に見ることができます。買い残とは信用取引で買われている株数、売り残とは売られている株数のことです。買い残を売り残で割ることによって、買いが優勢なのか、それとも売りが優勢なのかがわかります。

信用倍率が1倍超になったときは信用買いが多く、1倍未満になったときは信用売りが多いと考えられます。信用取引だとカラ売りができるとはいえ、投資家の多くは信用売りではなく信用買いを行なっているため、信用倍率は1倍を超えているのが普通の状態です。ただ、銘柄によっては、信用倍率が1倍を割り込むケースもあります。つまり信用売りのほうが多い状態であるわけですが、このような銘柄は信用売りの反対売買が随時入る可能性が高いため、目先的に株価が押し上げられる可能性があります。

日本取引所グループのウェブサイトでは統計情報（株式関連）で信用取引残高とカラ売り集計が開示されており、買い残高と売り残高、市場全体と業種別のカラ売り比率がどうなっているか見ることができます。ここからどの程度の信用買い残、売り残があって、信用倍率や空売り比率（カラ売りされたまま買い戻されていない株数の比率）がどの程度かを把握できます。

アベノミクス相場前の信用倍率の中央値は1・56倍、カラ売り比率は30％未満でしたが、その後は、それぞれ2・9倍、31％ほどで推移し、2016年に入ってからカラ売り比率が35％と上昇傾向にあります（次ページ**図表2―3、2―4**）。カラ売り比率が45％以上になると相場の流れが変わるときに買

## 図表2-3 ● アベノミクス相場で信用倍率は上昇
── 信用倍率の推移

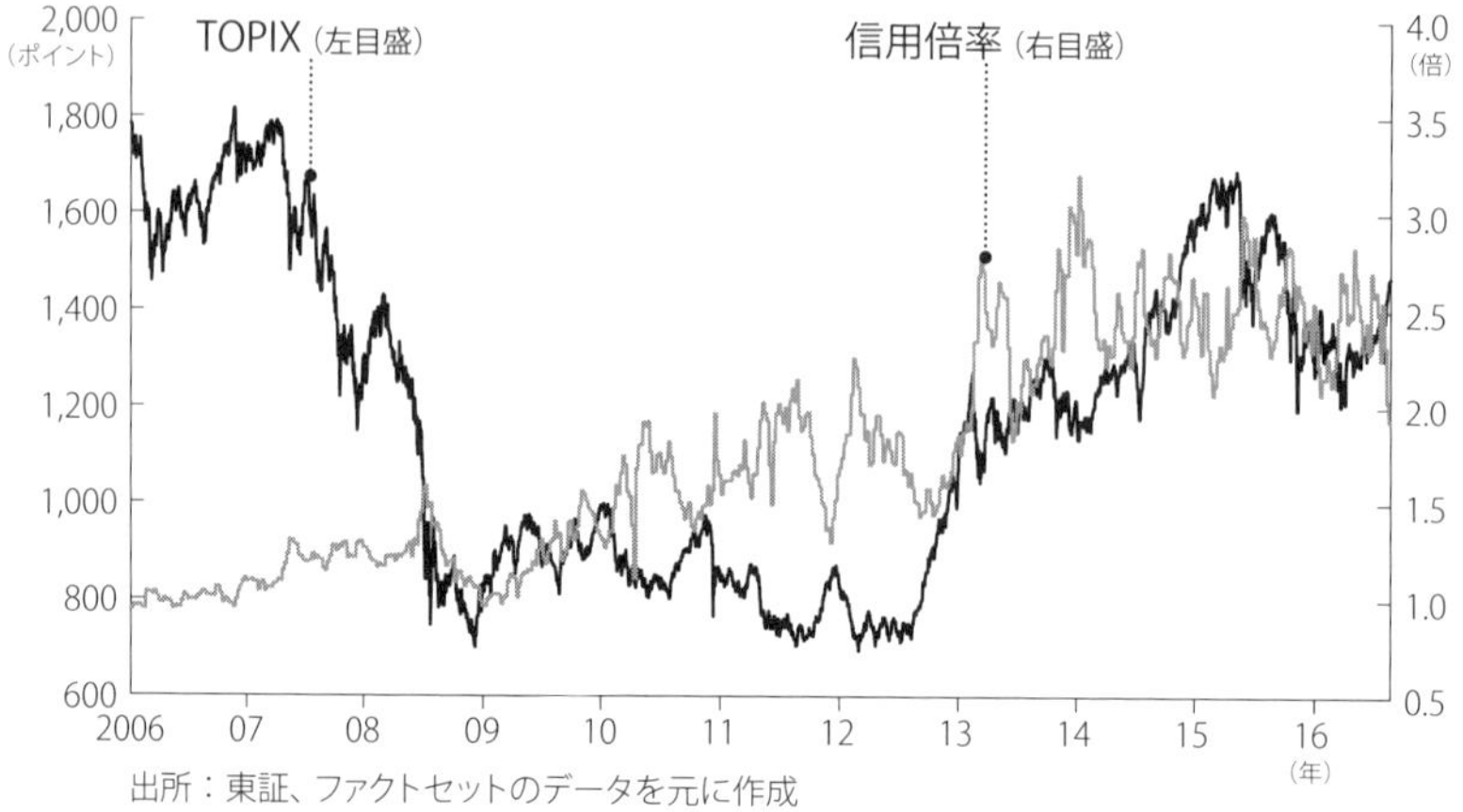


出所：東証、ファクトセットのデータを元に作成

## 図表2-4 ● 「買い戻し」需要の強さがわかる
── カラ売り比率の推移

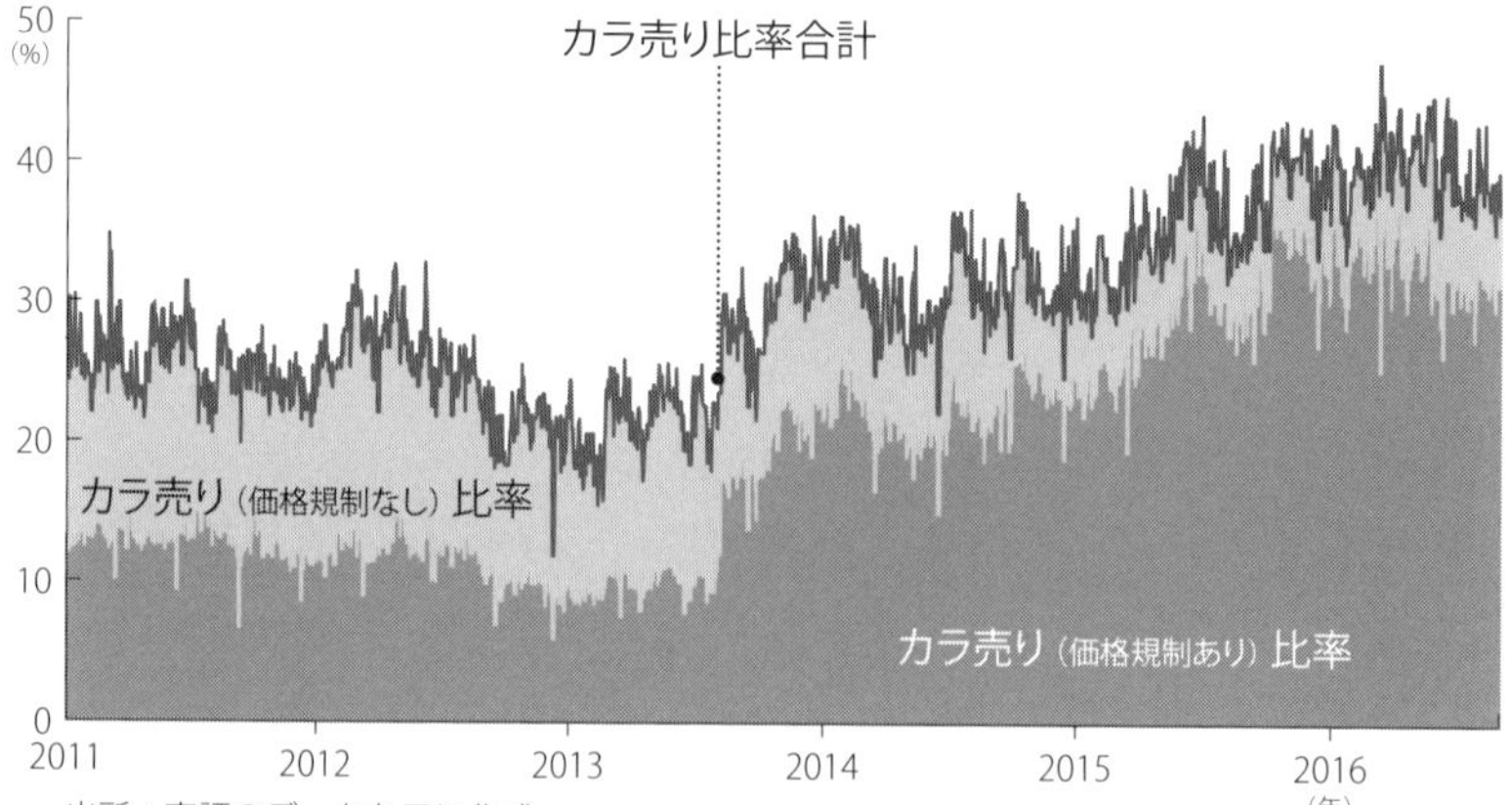


出所：東証のデータを元に作成

戻し需要が起こると考えられます。逆に30%を切ってくると、そんなにカラ売りをしていないということですから、たとえば相場が下落に転じたら株式市場は大きく下がる可能性があります。

次に「回転日数」です。これは信用取引を行なっている投資家が、返済するまでの日数を示しています。この数字は、各証券会社が開示していますが、制度信用銘柄に関しては、日本証券金融のウェブサイトで一覧を見ることができます。次の計算式で求められます。

回転日数＝（融資残高＋貸株残高）×2÷信用取引売買高（融資新規＋融資返済＋貸株新規＋貸株返済）

たとえば、**図表2―5**にある神戸製鋼所を例にとって計算をすると、（10687000＋781000）×2÷（400000+9

### 図表2-5　制度信用銘柄については個別株の状況も開示されている

貸借取引銘柄別融資・貸株残高一覧表
日本証券金融株式会社
（単位：株・口）

| 確報 | 申込日 | コード | 銘柄名 | 市場区分 | 融資新規 | 融資返済 | 融資残高 | 貸株新規 | 貸株返済 | 貸株残高 | 差引残高 | 差引前日比 | 信用回転日数 |
|---|---|---|---|---|---|---|---|---|---|---|---|---|---|
| 確報 | 20160906 | 5310 | 東洋炭素 | 東証 | 0 | 1,000 | 300 | 0 | 0 | 0 | 300 | -1,000 | 1 |
| 確報 | 20160906 | 5331 | ノリタケ | 東証 | 17,000 | 0 | 70,000 | 23,000 | 6,000 | 70,000 | 0 | 0 | 6 |
| 確報 | 20160906 | 5332 | TOTO | 東証 | 500 | 400 | 47,600 | 400 | 300 | 47,600 | 0 | 0 | 119 |
| 確報 | 20160906 | 5333 | 日本碍子 | 東証 | 12,000 | 1,800 | 64,000 | 75,800 | 100 | 95,100 | -31,100 | -65,500 | 4 |
| 確報 | 20160906 | 5334 | 日本特殊陶業 | 東証 | 100 | 600 | 65,300 | 6,600 | 500 | 21,900 | 43,400 | -6,600 | 22 |
| 確報 | 20160906 | 5337 | ダントーHD | 東証 | 0 | 0 | 24,000 | 0 | 0 | 0 | 24,000 | 0 | |
| 確報 | 20160906 | 5341 | アサヒ衛陶 | 東証 | 13,000 | 52,000 | 465,000 | 0 | 0 | 0 | 465,000 | -39,000 | 14 |
| 確報 | 20160906 | 5344 | MARUWA | 東証 | 100 | 3,800 | 4,600 | 800 | 200 | 7,000 | -2,400 | -4,300 | 5 |
| 確報 | 20160906 | 5351 | 品川リフラ | 東証 | 15,000 | 0 | 185,000 | 12,000 | 0 | 18,000 | 167,000 | 3,000 | 15 |
| 確報 | 20160906 | 5352 | 黒崎播磨 | 東証 | 0 | 63,000 | 108,000 | 9,000 | 0 | 23,000 | 85,000 | -72,000 | 4 |
| 確報 | 20160906 | 5355 | 日本坩堝 | 東証 | 0 | 0 | 1,000 | 0 | 0 | 0 | 1,000 | 0 | |
| 確報 | 20160906 | 5357 | ヨータイ | 東証 | 0 | 0 | 42,000 | 0 | 0 | 0 | 42,000 | 0 | |
| 確報 | 20160906 | 5358 | イソライト | 東証 | 8,100 | 12,100 | 85,200 | 300 | 1,300 | 11,000 | 74,200 | -3,000 | 9 |
| 確報 | 20160906 | 5363 | 東京窯業 | 東証 | 0 | 0 | 15,700 | 0 | 0 | 2,800 | 12,900 | 0 | |
| 確報 | 20160906 | 5367 | ニッカトー | 東証 | 500 | 100 | 1,200 | 400 | 0 | 1,200 | 0 | 0 | 5 |
| 確報 | 20160906 | 5380 | 新東 | 東証 | 0 | 0 | 1,000 | 0 | 0 | 0 | 1,000 | 0 | |
| 確報 | 20160906 | 5381 | Mipox | 東証 | 2,000 | 0 | 86,900 | 300 | 0 | 700 | 86,200 | 1,700 | 76 |
| 確報 | 20160906 | 5384 | FUJIMI | 東証 | 0 | 900 | 15,500 | 600 | 0 | 2,500 | 13,000 | -1,500 | 24 |
| 確報 | 20160906 | 5386 | 鶴弥 | 東証 | 0 | 0 | 1,900 | 0 | 0 | 0 | 1,900 | 0 | |
| 確報 | 20160906 | 5387 | チヨダウーテ | 東証 | 0 | 0 | 0 | 0 | 0 | 0 | 0 | 0 | |
| 確報 | 20160906 | 5388 | クニミネ工業 | 東証 | 0 | 0 | 6,100 | 0 | 0 | 0 | 6,100 | 0 | |
| 確報 | 20160906 | 5391 | A&Aマテ | 東証 | 10,000 | 18,000 | 368,000 | 0 | 0 | 0 | 368,000 | -8,000 | 26 |
| 確報 | 20160906 | 5393 | ニチアス | 東証 | 8,000 | 0 | 15,000 | 4,000 | 5,000 | 118,000 | -103,000 | 9,000 | 16 |
| 確報 | 20160906 | 5395 | コランダム | 東証 | 0 | 0 | 8,000 | 0 | 0 | 0 | 8,000 | 0 | |
| 確報 | 20160906 | 5398 | 日本研紙 | 東証 | 0 | 0 | 0 | 0 | 0 | 0 | 0 | 0 | |
| 確報 | 20160906 | 5401 | 日鉄住金 | 東証 | 63,600 | 2,000 | 169,800 | 18,400 | 48,700 | 345,300 | -175,500 | 91,900 | 8 |
| 確報 | 20160906 | 5406 | 神戸製鋼所 | 東証 | 40,000 | 927,000 | 10,687,000 | 597,000 | 178,000 | 781,000 | 9,906,000 | -1,306,000 | 13 |
| 確報 | 20160906 | 5408 | 中山製鋼所 | 東証 | 2,000 | 26,000 | 448,000 | 9,000 | 34,000 | 124,000 | 324,000 | 1,000 | 16 |
| 確報 | 20160906 | 5410 | 合同製鉄 | 東証 | 42,000 | 5,000 | 214,000 | 37,000 | 0 | 214,000 | 0 | 0 | 10 |
| 確報 | 20160906 | 5411 | JFEHD | 東証 | 43,200 | 24,200 | 131,800 | 3,900 | 146,700 | 367,400 | -235,600 | 161,800 | 5 |
| 確報 | 20160906 | 5413 | 日新製鋼 | 東証 | 3,500 | 11,600 | 153,100 | 1,700 | 600 | 204,500 | -51,400 | -9,200 | 41 |
| 確報 | 20160906 | 5423 | 東京製鉄 | 東証 | 1,000 | 44,000 | 61,100 | 72,200 | 8,000 | 353,400 | -292,300 | -107,200 | 7 |
| 確報 | 20160906 | 5440 | 共英製鋼 | 東証 | 2,100 | 0 | 15,000 | 12,000 | 600 | 56,900 | -41,900 | -9,300 | 10 |
| 確報 | 20160906 | 5444 | 大和工業 | 東証 | 0 | 0 | 10,000 | 3,900 | 200 | 42,200 | -32,200 | -3,700 | 25 |
| 確報 | 20160906 | 5445 | 東京鉄鋼 | 東証 | 0 | 0 | 22,000 | 0 | 0 | 0 | 22,000 | 0 | |
| 確報 | 20160906 | 5446 | 北越メタル | 東証 | 0 | 0 | 18,000 | 0 | 0 | 0 | 18,000 | 0 | |
| 確報 | 20160906 | 5449 | 大阪製鉄 | 東証 | 0 | 1,000 | 2,200 | 100 | 0 | 5,600 | -3,400 | -1,100 | 14 |

出所：日本証券金融（株）のデータを加工して作成

２７０００＋５９７０００＋１７８０００）
＝13日となります。

この数字から「信用取引でポジションを持ってから13日間で返済している」ことがわかります。回転日数は10日だと活況、5日だと過熱気味と考えられています。そして、この日数が短くなればなるほど、その銘柄には短期の投資家がたくさん入っており、投機的な色彩が濃くなっていきます。

神戸製鋼所の場合、回転日数が13日間で、11月15日現在の株価（989円）が、13日移動平均線（888・7円）よりも11%以上高いところにありました（**図表2―6**）。13日移動平均線は、過去13日間で売買した投資家の平均コストですから、過去13日間でカラ売りを仕掛けた投資家には平均してそれだけの含み損が生じていることになります。ですから、ここからもう少し株価が上昇すると、含み損を抱えたカラ売りを仕掛けている投資家が耐え

**図表2-6 ● 回転月数と同じ移動平均線を入れて値動きを見ると……**
―― 神戸製鋼所（鉄鋼等）

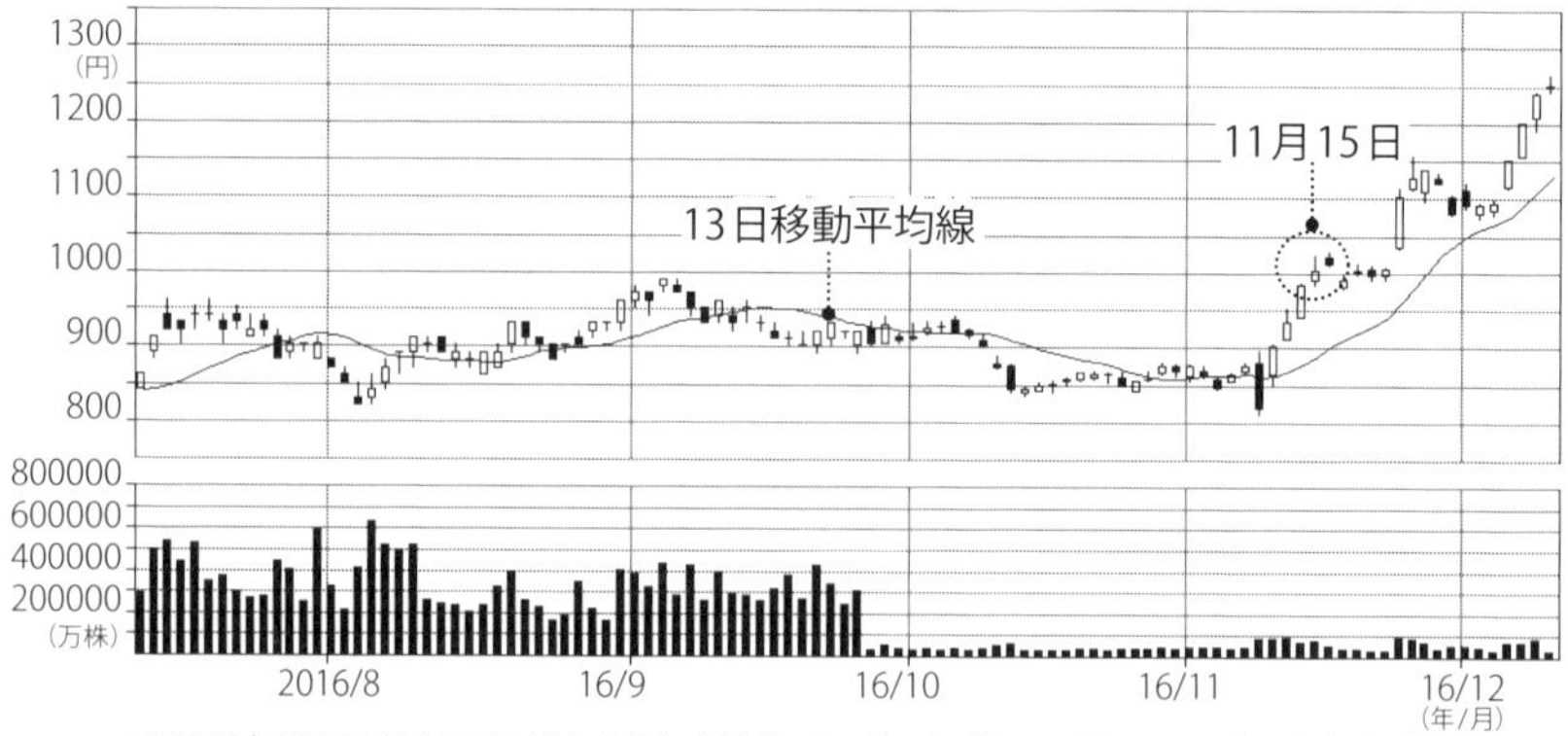


※2016年10月1日付で10株を1株に併合しているのに伴い、9月28日以降、出来高が10分の1となっている

られなくなり、買い戻しを進めてくる可能性があります。つまり株価の上昇に拍車がかかる可能性があるということです。

最後に「信用評価損益率」です。これは信用取引の買いポジションが抱えている含み損益を比率で示したもので、日本取引所グループが毎週第3営業日に前週末の「信用取引現在高」を発表、その情報を元に日経新聞が当日夕刊、翌日朝刊で数字を算出して載せています。

ほかに証券会社や独立系金融情報サービス会社のトレーダーズ（http://www.traders.co.jp/margin/transition/transition.asp）も数字を開示していますので参考にしてください。なお、証券会社の数字は必ずしも日経新聞の数字と一致しない場合もあるようです。

信用評価損益率は次のような計算式で求められます。

**図表2-7 プラスになると天井を示唆**
**——信用評価損益率の推移**

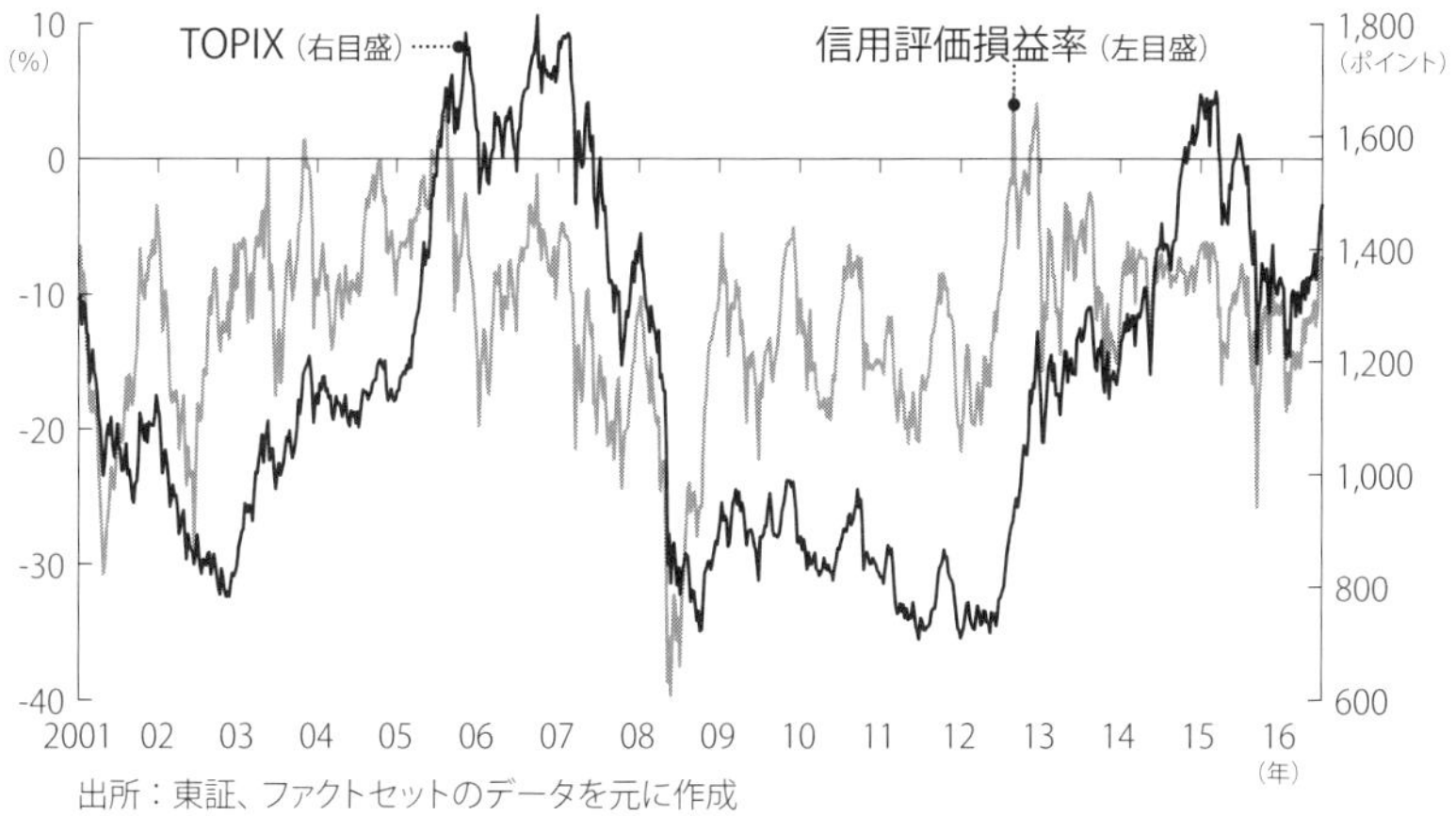


出所：東証、ファクトセットのデータを元に作成

評価損益＝（(貸借融資金額＋自己融資金額)×社内対等株数）÷（貸借融資株数＋自己融資株数)）＋貸借融資金額＋自己融資金額―金額ベース買残高

あるいは、

評価損益＝買残高金額―｛(貸借融資金額＋自己融資金額)÷（貸借融資株数＋自己融資株数)×社内対当株数＋貸借融資金額＋自己融資金額｝

信用評価損益率＝評価損益÷買い建て額

この数字が0％近辺の場合は、投資家の含み損がゼロであることを意味します。当然、株価は上昇トレンドの真最中で、利益確定の売りが出やすくなります。つまり天井圏に近いことを示唆しています。ちなみに、信用評価損益率は通常、マイナスで推移していて、プラスになることはあまりありません（前ジペー**図表2―7**）。

マイナス10％近辺の場合は、かなり含み損が膨らんでいる状態ですので、保証金の担保力が低下し、追証（追加保証金）を求められている可能性が高まります。なかには追証を払いきれず、持っている信用買いを投げるケースもあるのですが、一応は株価も底に近づいていると考えられます。

マイナス20％近辺になると、信用取引の買い手の大半が含み損を抱えていて、追証や損切りに追われている状態です。ここまでいくと、行き過ぎ（オーバーシュート）の売り状態になっている可能性が高く、売りも最終段階（セリング・クライマックス）が近づいているサインになります。

## 高速取引（HFT）の影響と株価

HFTというのはHigh Frequency Tradingの略ですが、より速い発注スピードを求める投資家が、取引所のメインコンピュータの近くに発注サーバーを設置するコロケーション・サービスを利用して売買する戦略です。米国ではかなり前からこのタイプの取引は盛んに行なわれています。私がいたマルチ戦略ヘッジファンドでもこれを利用した売買を行なっていました。米国でのHFTの取引シェアは全体の半分くらい、欧州は40％ほどです。日本では2010年ぐらいから増え始めましたが、きっかけは東京証券取引所がアローヘッドという売買システムサーバーを稼働させたことだといわれています。この新システムにより、従来よりも早いスピードで注文が出せるようになったためです。また、欧米で、HFTで儲ける業者に対する取り締まりが厳しくなったことで、同じような流動性が確保できる日本株式市場が儲けの場として利用されている側面もあると思われます。

HFTが増えたことで、HFTをしていない運用会社は儲けられなくなったといわれています。しかし、それはどちらかというとトレーディング戦略をメインとしている運用会社にあてはまることだと思います。一方、ファンダメンタルズで投資する投資家にとって、「明日この企業の株価が上がっているのか、下がっているのか」は大きな問題ではありません。それより3か月後、6か月後、1年後どうなっているかが問題だからです。しかしながら、HFTによって従来と比べて株価の動き方が変わったと感じることは増えました。

# 第3章

UNDERSTANDING THE STOCK MARKET

# 「企業価値としての株価」が動くしくみ

LECTURE 3-1

# 株価を動かす要素はいくつもある

## 株価は直接的には市場の需給バランスで決まる

### 需給に影響を与える要因とは？

株価というものは、現実問題として何によって動いているのでしょうか。おおまかにいえば、およそ次の4点が考えられます。

**①需給バランス**
**②企業価値**
**③経済事象**
**④海外要因**

まず需給バランスとは、簡単にいうと、「買いたい人がいるから値上がりする、売りたい人がいるから値下がりする」ということです。

「相場」とは、「マーケットで取引される商品の、その時々の値段」のことです。「株式相場」「債券相場」「外国為替相場」「商品相場」など、いずれもマーケットで日々、取引されて相場が成立しています。

では、なぜ相場が成立するのでしょうか。それは、マーケットに売り手と買い手がいるからです。たとえば株式相場を例に挙げてみましょう。「どうやらこの先、株価は下がりそうだ」となれば、株式市場では手持ちの株式を売る投資家が優勢になります。保有している銘柄に利益が乗っている投資家は、少しでも利益が減らないうちに、すでに損失が生じている投資家は、いま以上に損失が増えないうちに、保有している銘柄を売却しようとするでしょう。結果、売り株数が買い株数を上回っている限り、株価は下落し続けます。

株価が一方的に上がり続けることがないのと同じように、上場廃止にならない限り、株価が一方的に下がり続けることもありません。株価が下がり続ければ、どこかの段階で業績などと比べて株価が割安ではないかと考える人が出てきます。その結果、徐々に買い手が戻ってきます。徐々に買い手が増えてくれれば、やがて売り株数と買い株数が均衡し、株価の下落に歯止めがかかります。

これとは逆に、買い株数が売り株数を上回れば、株価に割高感が浮上するまで、株価は値上がりし続けることになります。

また、需給から見た相場ということをさらに突き詰めると、業績等から見て割高・割安の話だけではなく、「値が上がるから買う」という相場特有の値動きも起きてきますが、これについては第5章で触れることにします。

## 「銘柄の推奨」に安易に乗るのは危険

このように、株価は直接的には需給で決まるのですが、さらに深く考えていくと、需給そのものに影響を及ぼす要因があるはずです。

そのなかで、最も需給に影響を及ぼすと思われるのが、2番目の企業価値です。

株式相場で利益を上げるためには、実際の株価と企業価値とのかい離がある銘柄に投資することが大切です。

一部のデイトレーダーと呼ばれる方々は企業価値を算出してから投資しているかどうか不明ですが、見ている限りテーマや株価の乱高下だけで短期トレーディングしているように見受けられます。それは投資ではなく、あえて名前をつけると博打のようなものです。最近は、個人投資家向け投資情報サイトやSNSが増え、さまざまな人がそのようなサイトで銘柄を「推奨」するようなことが可能となりました。銘柄の推奨を有料で行なうことは、投資助言などを業としてできるよう金融庁で登録した金融機関に限定されています。しかし、無償でこのような推奨を行なうことは、現段階では無登録業者による投資助言とはみなされていないようです。そういう意味で、誰でも不特定多数の人に向けて、ポジショントークをしたり、連続して特定の銘柄について書き込んだり、自分の持っている銘柄の株価を煽ったりすることが可能となっています。そして、そういう危うい行動が目につくことも増えました。そういう人がいつそれらの銘柄をエグジットしているのかわかりませんから、不特定多数の人に買いを煽っているときに、その人は売っている可能性も否定できませんし、SNSなどの情報を安易に信じるのは危険だと思います。

また、金融専門家のアドバイスを受けるときは、その会社の名称が、金融庁が発表している「免許・許可・登録等を受けている業者一覧」にあることを必ず確認してください。名前が載っていない会社は無免許・無許可・無登録業者ですので、契約しないように注意してください。

## 需給バランスに大きな影響を与える「企業価値」

なにより、自分で分析し、企業価値を算出し、投資をすべきです。

企業価値はさまざまな方法で算出できます。ヒストリカルバリュエーション（過去のバリュエーション水準）、競合他社のバリュエーションを基準に現在の業績にバリュエーションを割り当てて算出する方法や、Sum of the parts（セグメントまたは部門別に同業者のバリュエーションを割り当て、それを合計する）で企業価値を算出する方法、DCF（ディスカウントキャッシュフロー）など企業のキャッシュフロー予測による方法もあります。私は、業界や企業によって異なる企業価値の計算方法を用いても問題はないと思いますが、運用会社によってはすべての銘柄に対して同じ方法を使用して企業価値を算出しています。

投資家が投資するかどうかを判断するとき、買いたいと思う「良い会社、業績が良い会社」を探す、売りたい（信用売りをしたい）「悪い会社、業績が悪い会社」を探すと思いがちですが、良い会社でも本来の企業価値まで達していれば、そこから株価が上がる可能性は低いかもしれません。その逆に、悪い会社でも株価が大きく企業価値を下回っていたら、株価はそれ以上、下がらないかもしれません。

探すべき投資候補は、良い会社、悪い会社ではなく、「上がる株」、「下がる株」です。そして、それを探しやすくする方法が、企業価値を算出し、それが現在株価と比較して上か下かを判断するやり方です。

以下ではＤＣＦによって企業価値を算出する方法について簡単に触れておきます。ＤＣＦでは、

企業価値とは、その企業が、将来にわたって生み出すキャッシュフローの現在価値である

と定義します。キャッシュフローとは、資金の流れを指しています。企業は将来を見据えて、さまざまな投資活動を展開します。投資活動といっても、株式や外貨のデイトレードをするという意味ではありません。ここでいう投資活動とは、生産設備や人材教育など、企業が将来、いまよりも大きな収益を得るために行なっている投資活動です。

こうした投資活動の結果、未来においてその企業が得る収益を現在価値に直したのが、企業価値なのです。

ここでおそらく「現在価値」という言葉がよくわからないという方もいると思いますので、簡単に説明しておきます。

たとえば、「いま受け取れる１００万円」と「3年後に受け取れる１００万円」の価値が違うことは、何となく直感的にわかると思います。この場合、いま受け取れる１００万円のほうが、3年後に受け取れる１００万円よりも価値があります。なぜなら、金利がプラスであることが前提となります

が、いま１００万円を受け取って、それを投資や貯蓄に回すことによって収益を得れば、3年後に受け取れる１００万円よりも価値が増大する、つまり3年早く受け取れるということにプラスの価値があるということです。とはいえ、どれだけのプラスの価値があるかはわかりにくいのですが、客観的にいうのであれば、その間の金利分は確実にプラスの価値があるといえます。

したがって、3年後に受け取れる１００万円の現在価値を計算する場合は、１００万円を一定率で割り引く必要があります。たとえば金利が年１％だとしたら、次のような計算式で求められます。

現在価値＝１００万円÷（１＋０・０１）の3乗≒97万５９０円

つまり3年後の１００万円は、いまの97万５９０円と等価になります。この考え方がＤＣＦ法です。話はやや脇道にそれてしまいましたが、このような計算式に基づいて企業が将来生み出すキャッシュフローを現在価値に割り引いたものがＤＣＦ法に基づく企業価値になります。株式相場において、株価がこの企業価値を織り込んで形成される、というのはひとつの考え方としてあり得ます。

この企業価値については、次項から詳しく解説していきますが、当然、将来において生み出されるであろうと考えられるキャッシュフローが増えれば増えるほど、企業価値は向上し、株価の上昇につながります。

## 企業そのものに起因しない要因も株価に大きな影響を与える

3番目の経済事象も株式市場全体の需給に大きな影響を及ぼします。経済事象というのは非常に漠然としたものですが、要するに景気や金利、為替など、さまざまな経済事象が株式市場に影響を及ぼすということです。詳しくは4章で触れますが、たとえば景気が良くなると、一般的にはモノやサービスの売れ行きが好調になるため、企業の業績が向上します。企業業績が良くなれば、企業価値が向上し、投資家に返ってくるお金も増える可能性が高まるため、市場参加者が増え、株価の上昇につながっていくことになります。

最近は、日本の企業も多くの利益を国内のみでなく、海外で稼いでいます。そのため、日本の企業は国内の景気だけではなく、海外の景気の影響も受けるようになりました。そのため、4番目の海外要因も、日本の株式相場に影響を及ぼすもののひとつです。たとえば、米国の景気に対する不安から米国株価が急落すると、その翌営業日に開く日本の株式市場は、寄付時点から大きく売り込まれることがあります。

このように、株式相場に及ぼす影響度合いには違いがあるものの、株価というものは「世の中の森羅万象のすべて」を反映して動きます。本章ではそのなかでも投資家の投資行動に最も大きな影響を及ぼす企業価値というものについてさらに考えてみたいと思います。

# LECTURE 3-2

# 利益と株価

## 「利益」にはさまざまな種類がある

### 基本的に株価は企業利益に連動する

「利益」といっても、損益計算書の記載項目には5つの利益があります。「売上総利益」「営業利益」「経常利益」「税引前利益」「当期純利益」がそれです。それぞれについて、簡単に説明しておきましょう。

**①売上総利益**

損益計算書でいちばん上に記載されているのが「売上高」です。そして売上高から「売上原価」を差し引いたものが「売上総利益」、通称「粗利《あらり》」と呼ばれるものです。売上原価は、業態によって何を算入するかが違ってきます。製造業であれば製品をつくるのにかかった材料費、人件費、製造機器や工場の運営にかかった経費や研究開発の一部も含まれます。小売業は、仕入れ額が原価に入ります。

金融業であれば金融費用などが粗利の前に計上されます。

## ②営業利益

粗利から「販売費および一般管理費」を差し引いたのが「営業利益」です。営業利益は本業で稼いだ利益と考えてください。つまりメーカーなら製品をつくって売る、小売りなら仕入れて販売するのが本業です。

販売費は販売手数料や販売促進費、一般管理費は企業全体を運営管理するためにかかった経費のことです。これらを粗利から差し引いた残りの額が営業利益、つまり本業で稼いだ利益になるのです。

## ③経常利益

営業利益に「営業外収益」を加え、そこから「営業外費用」を差し引いたものが「経常利益」になります。営業外収益および営業外費用とは、その会社の本業以外の部分で発生した収益および費用のことで、具体的にいうと金融活動によって得た収益や支払った費用のことです。

たとえば、ほかの企業へ投資している場合、そこから得た配当金や、子会社からの配当収入やグループ会社などに資金を貸し出すことによって得た利息が「営業外収益」に該当します。逆に、投資をしてくれている企業に対して支払う配当金や借入によって生じる支払い利息は「営業外費用」になります。それら以外に、為替差損益もこの営業外損益に含まれます。海外売上の多い企業はこの金額のブレが大きくなりますので、注意が必要です。そして、これらを加減したうえで残った額が経常利益になります。

日本企業は「経常利益主義」などといわれ、多くの会社がこの利益項目にこだわってきました。新聞などのメディアでも増益、減益という場合は、ほとんどが経常利益を指しているのが一般的です。

### ④税引前利益

経常利益に「特別利益」を加え、そこから「特別損失」を差し引いたものが「税引前利益」になります。

特別利益とは、たとえば保有していた不動産を売却して利益が出るといった、いわば一時的に発生した利益のことです。逆に、資産売却によって生じた損失、災害による損失やリストラで生じた費用などは特別損失に計上されます。

### ⑤当期純利益

税引前利益から法人税、住民税および事業税といった各種税金を差し引き、法人税等調整額を加えたものが「当期純利益」になります。たんに純利益とか、税引後利益、あるいは最終利益などと呼ばれることもありますが、要は企業にとっては本当の意味での手取りの利益になります。

このように、損益計算書では5つの利益項目があるわけですが、私が株価を予測するうえで注目しているのは、「営業利益」と「当期純利益」です。

前述したように、営業利益は本業の稼ぎですから、ここが落ち込むということは、普通に考えても、その会社の経営は「ちょっとまずいのではないか」ということになります。売上高と営業利益の関係もチェックするべきポイントです。たとえば、売上高の伸び率と営業利益の伸び率がどうなっているか、営業利益率がどうなっているかなども見たうえで、なぜこのような結果になっているのかなどを理解することも大切です。

そして当期純利益ですが、最後に残ったこの利益が株主に支払われる配当の源泉になります。そういう意味からしても、株式に投資するうえでは最も注目すべきものです。**図表3―1**のエムスリーや90ページ**図表3―7**のニトリの例でもわかるように、株価は当期純利益に連動していますし、最終的に内部留保される利益なので、株主が投資した資金を回収するための原資になります。

ここでは株価と業績を同じ時間軸で見せていますが、この図の3月末はまだ業績が発表されていませんので、株価は将来の業績を織り込んでいることがわかります。株価は常に先を見ています。

**図表3-1 ● 株価は基本的に当期純利益に連動する**
―― エムスリー（医療従事者向け情報サイト運営）

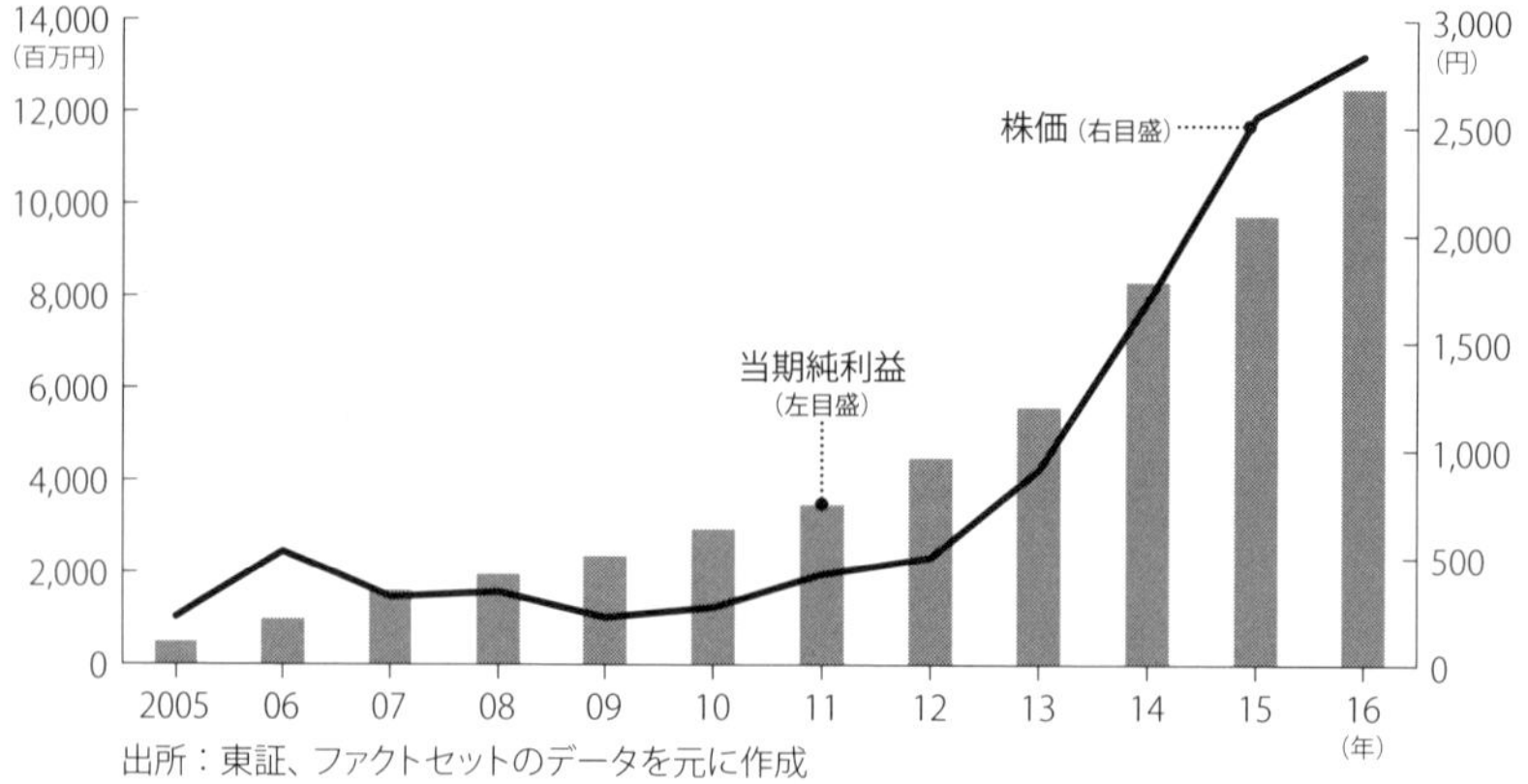


出所：東証、ファクトセットのデータを元に作成
※株価は3月末時点

プロローグで株価のドライバーを把握することの大切さを書きましたが、なぜそういうものがドライバーとなって株価を動かすのかというと、最終的には利益にきいてくるからです。つまり、ドライバーは企業がどれだけ最終利益を出すことができるかの先行指標のようなものなのです。

## 利益が上がっていなくても株価が上がるケースがある

投資した企業の株価が値上がりするためには、基本的にはその企業がきちんと利益を上げていることが大事ですが、状況によっては例外もあります。どういうことかというと、利益を出していない赤字企業の株価でも、値上がりするケースがあるということです。

赤字企業は、その企業が黒字であったときに比べて株価が安くなっているのが普通です。そのため、いまは赤字に陥っている企業が将来、利益を上げてくる可能性が高いと考えるのであれば、株価が安い赤字のときに株式を仕込んでおこうと考える投資家が存在するのです。

ソフトバンクを例に見てみると、過去に利益がほとんど出ていないときにも株価が大きく上昇しました。その後、下落しましたが、利益が赤字でも株価は底を打って上昇に転じていることがわかります（次ページ**図表3―2**）。

もちろん、「この赤字企業が将来、黒字に転換する可能性は低い」と考えている投資家は、その企業の株式を買わずに、逆に売るかもしれません。あるいは、黒字に転じる可能性があるのはわかっているけれども、それまで持ち続けることができない、つまり投資の時間軸が合わないという投資家や、買うとしても先のことと考えている投資家もいるでしょう。「投資家」というのが具体的に誰のことを指すかについては6章で解説しますが、株式市場にはさまざまな立場の投資家がさまざまな思惑の元で取引に参加しています。その立場によって、あるいは思惑によって売り買いが交錯し、株価が形成されていくのです。そのなかでは、赤字決算の企業でも株式が買われるケースが、十分に起こり得るということです。

ところで、海外売上比率の多い企業は、為替の変動の影響を受けます。先ほど、営業外損益にその影響が出ると書きましたが、現地通貨ベースでは売上高が前年同月比で伸びていても、円高になったことにより、円建てでは売上高が前年同月比マイナスになるケースもあります。また、海外で事業を行なっている会社は、現地通貨を年度末に円換算して決算を締めますので、現地通貨で前期と同じ金

**図表3-2　赤字でも株価が上昇に転じるときがある**
―― ソフトバンクグループ（通信事業等を展開）

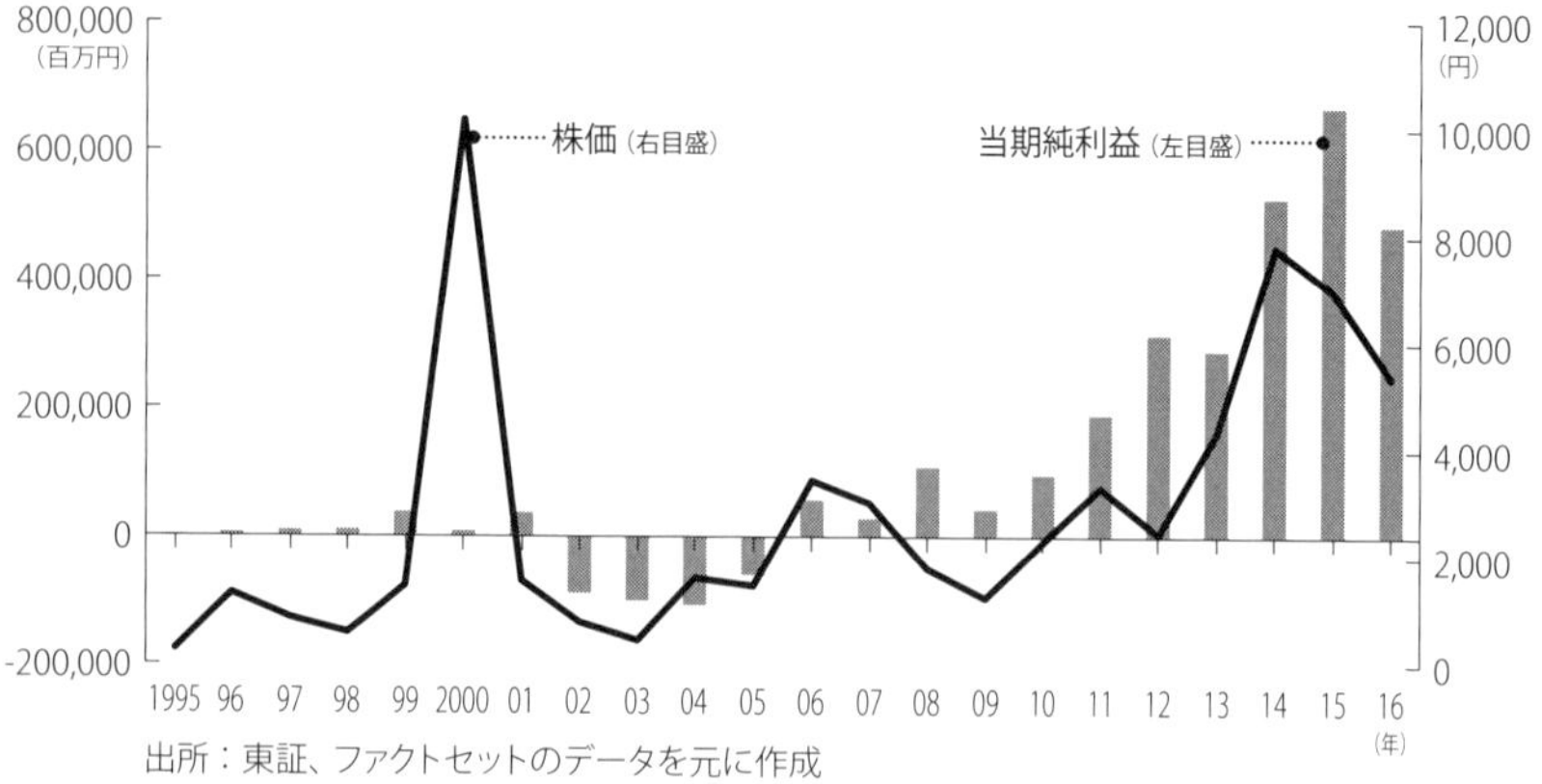


出所：東証、ファクトセットのデータを元に作成
※株価は3月末時点

額でも、為替換算による影響で、前年より減ったり増えたりします。日本の企業は海外売上比率が比較的高いため、為替が円安であるほうがメリットは大きいといえます。たとえばトヨタのように海外売上が大きい企業の場合、株価は当期純利益にも連動していますが（次ページ**図表3―3**）、ドル円レートとも連動しています（次ページ**図表3―4**）。また、同様に海外売上が大きいソニーの場合も、株価は当期純利益にも連動していますが（89ページ**図表3―5**）、ドル円レートとも連動しています（89ページ**図表3―6**）。

なお、企業業績をみるときには、その会社の売上高と利益の成長率を確認しましょう。90ページ**図表3―7**のニトリのように、売上高は過去20年間一度も前年を下回ることがなく、利益も過去20年間に一度だけの減益があったものの、それ以外は毎年増益の企業だと、株価も乱高下することなく、安定的に上昇トレンドを描くのが普通です（90ページ**図表3―8**）。

逆に、ソニーのように業績の乱高下があるような企業の株価は、業績に連動するかのように、やはり乱高下を繰り返しますし（89ページ**図表3―5**）、株価が上がるか下がるかを予測するのは困難だといえます（91ページ**図表3―9**）。

長期投資を前提にして銘柄を選ぶのであれば、利益の成長率が上がったり下がったりするような企業よりも、毎年確実に増益が続いている企業に投資したほうが良いでしょう。

## 図表3-3 ● 株価は当期純利益に連動しているが……
――トヨタ自動車（自動車）

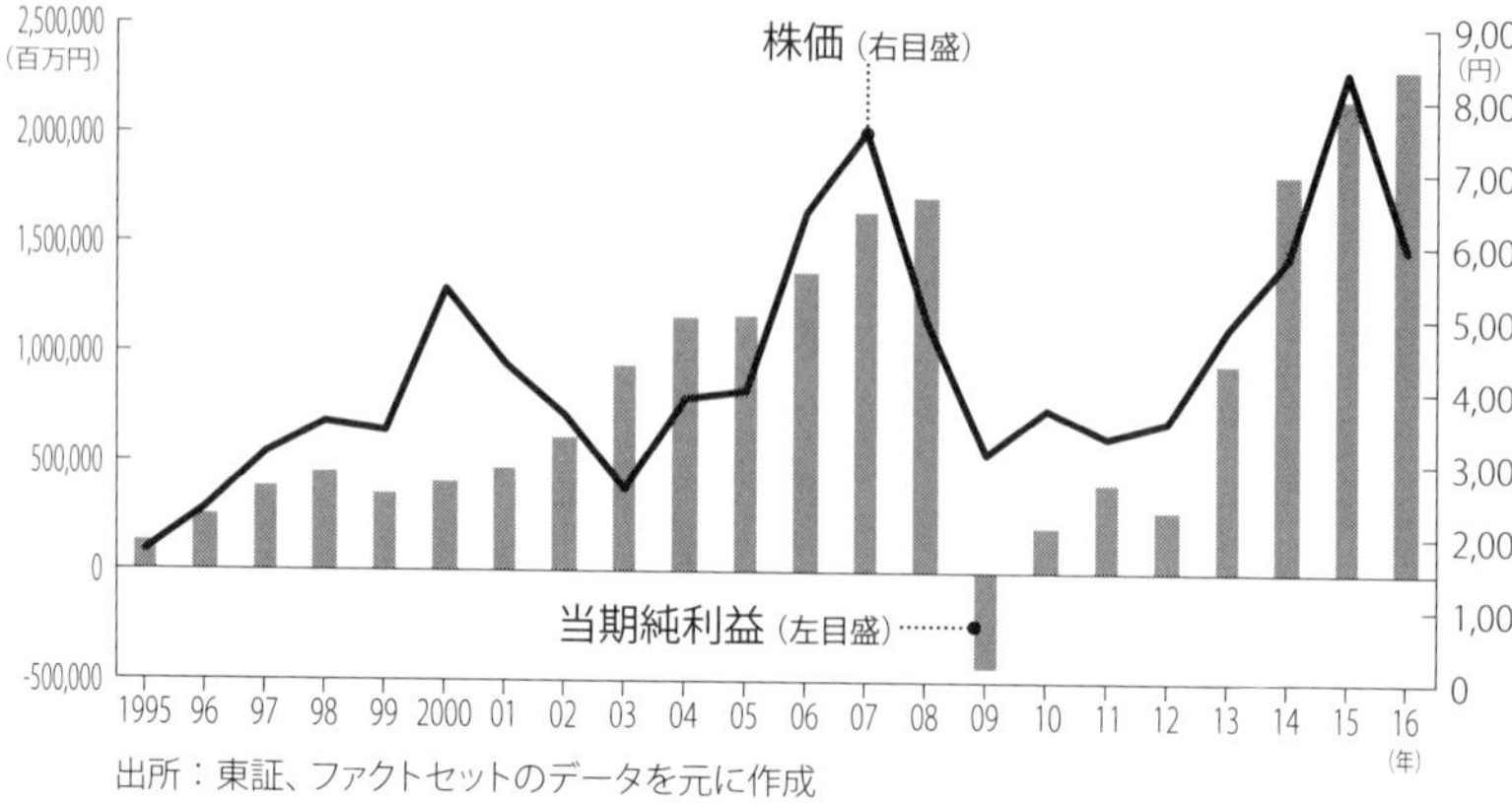


出所：東証、ファクトセットのデータを元に作成
※株価は3月末時点

## 図表3-4 ● 株価はドル円レートとも連動している
――トヨタ自動車（自動車）

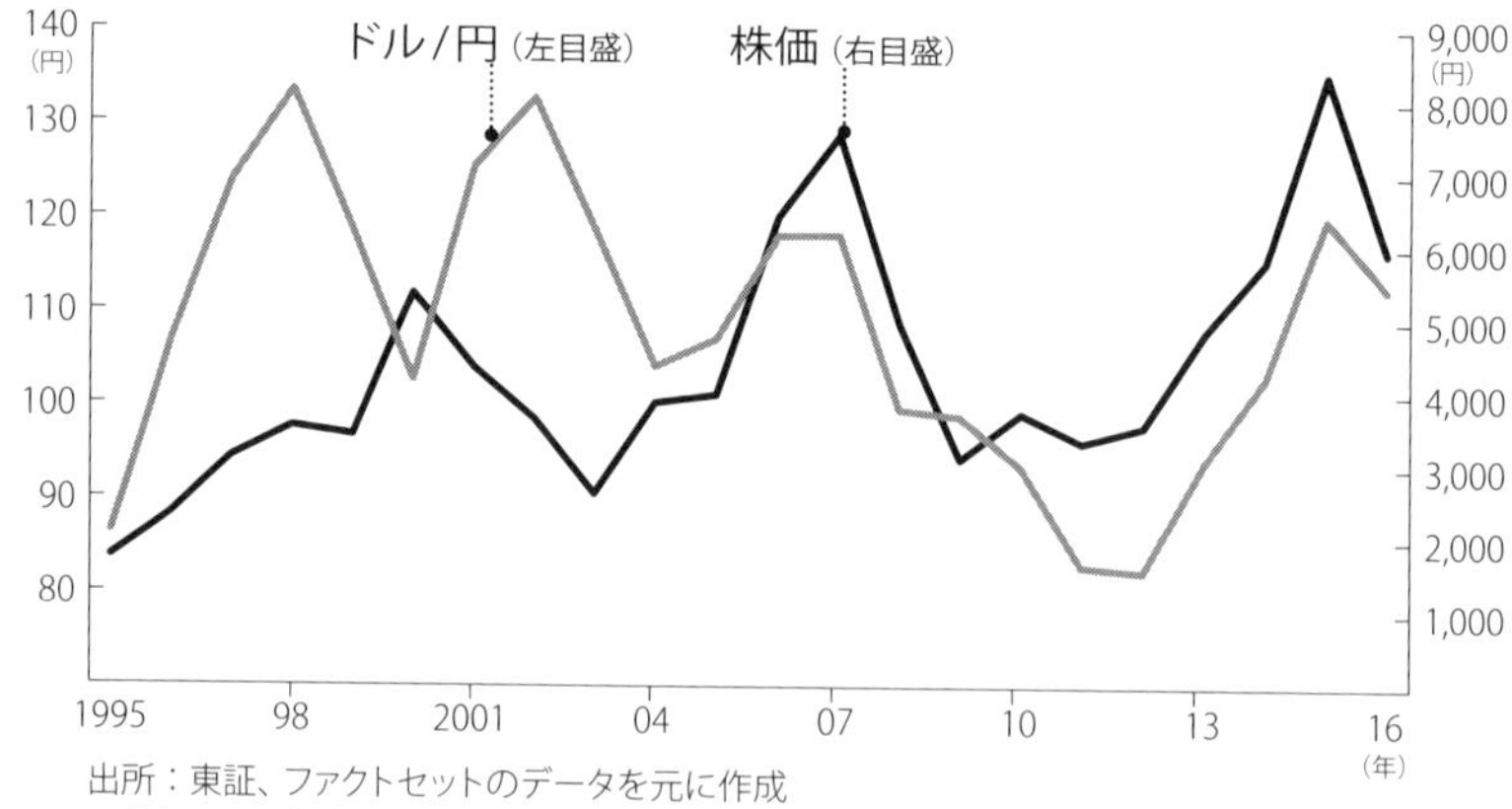


出所：東証、ファクトセットのデータを元に作成
※株価は3月末時点

## 図表3-5 ◎ 株価は当期純利益に連動しているが……
—— ソニー（電気）

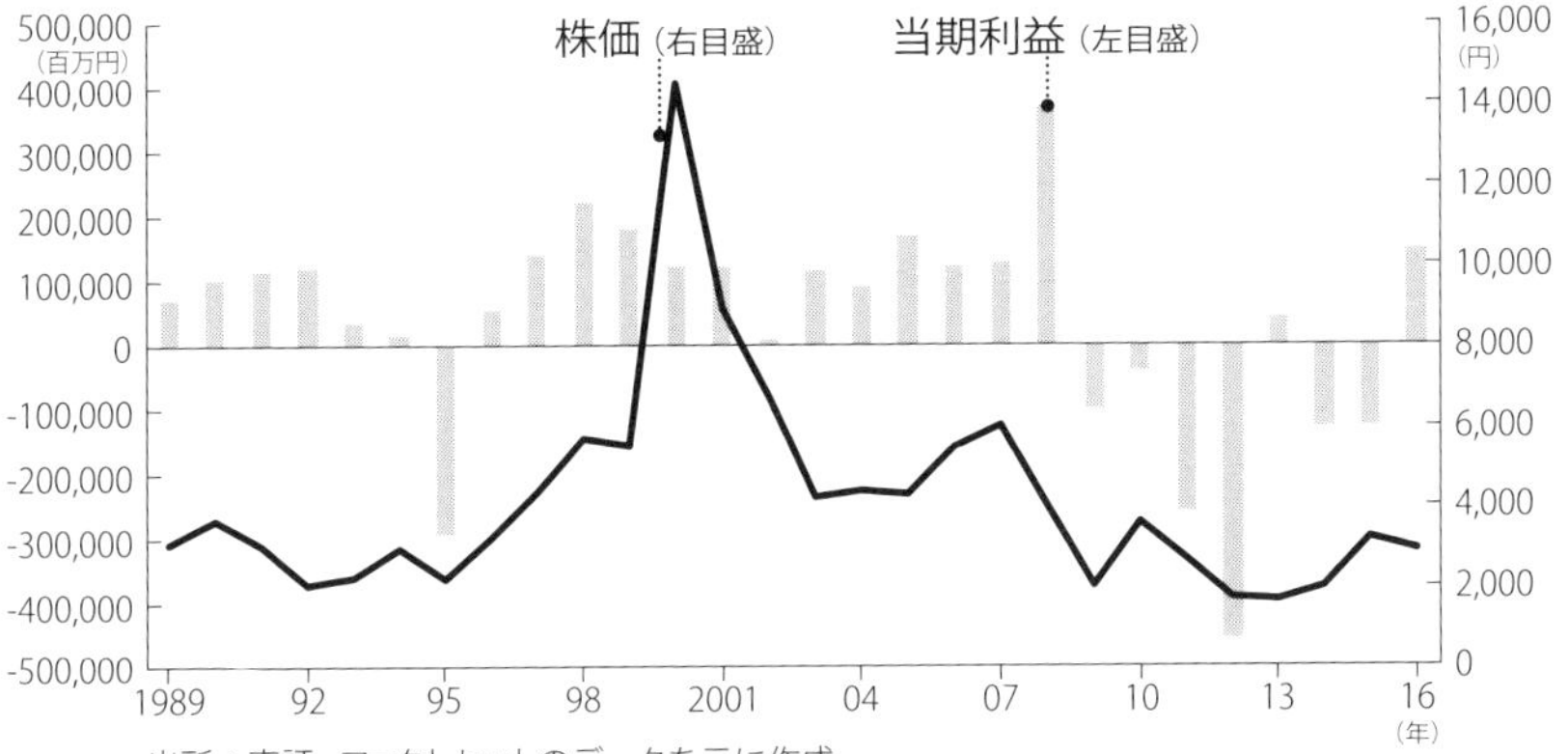


出所：東証、ファクトセットのデータを元に作成
※株価は3月末時点

## 図表3-6 ◎ 株価はドル円レートとも連動している
—— ソニー（電気）

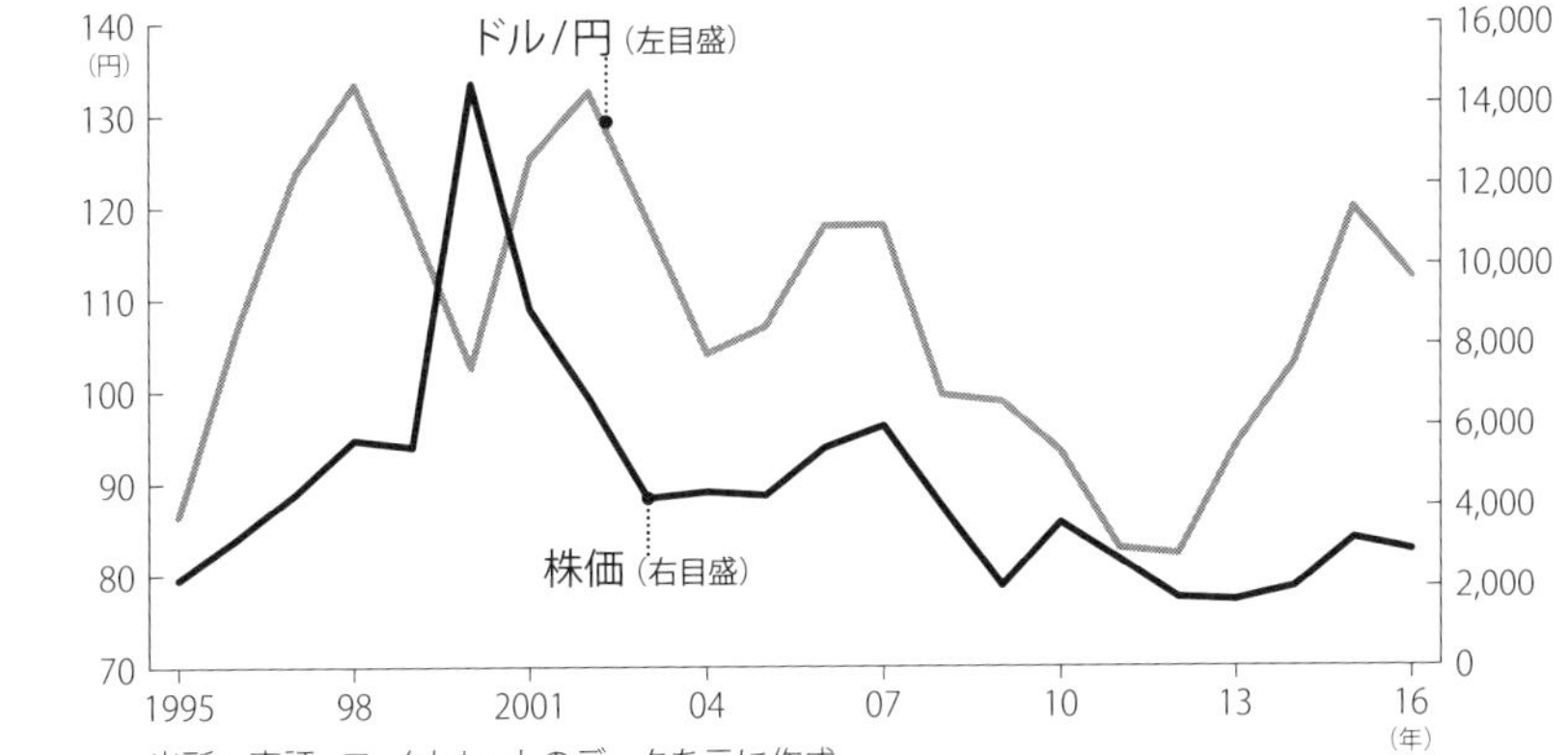


出所：東証、ファクトセットのデータを元に作成
※株価は3月末時点

## 図表3-7　株価も当期純利益もきれいな右肩上がりで推移

―― ニトリホールディングス（家具・インテリア製造）

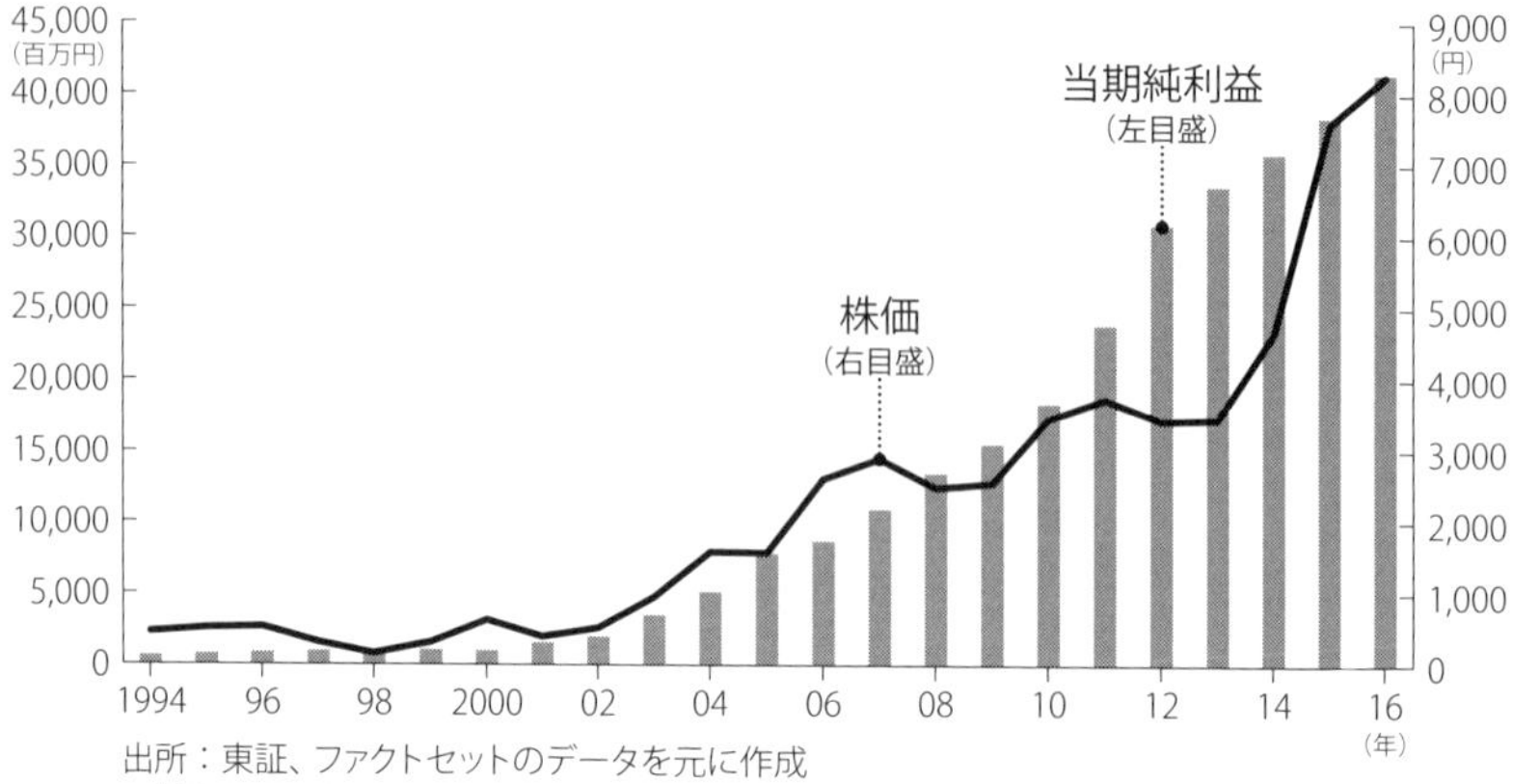


出所：東証、ファクトセットのデータを元に作成
※株価は3月末時点

## 図表3-8　減益がほとんどなく、毎年売上や利益が伸びている

―― ニトリホールディングス（家具・インテリア製造）

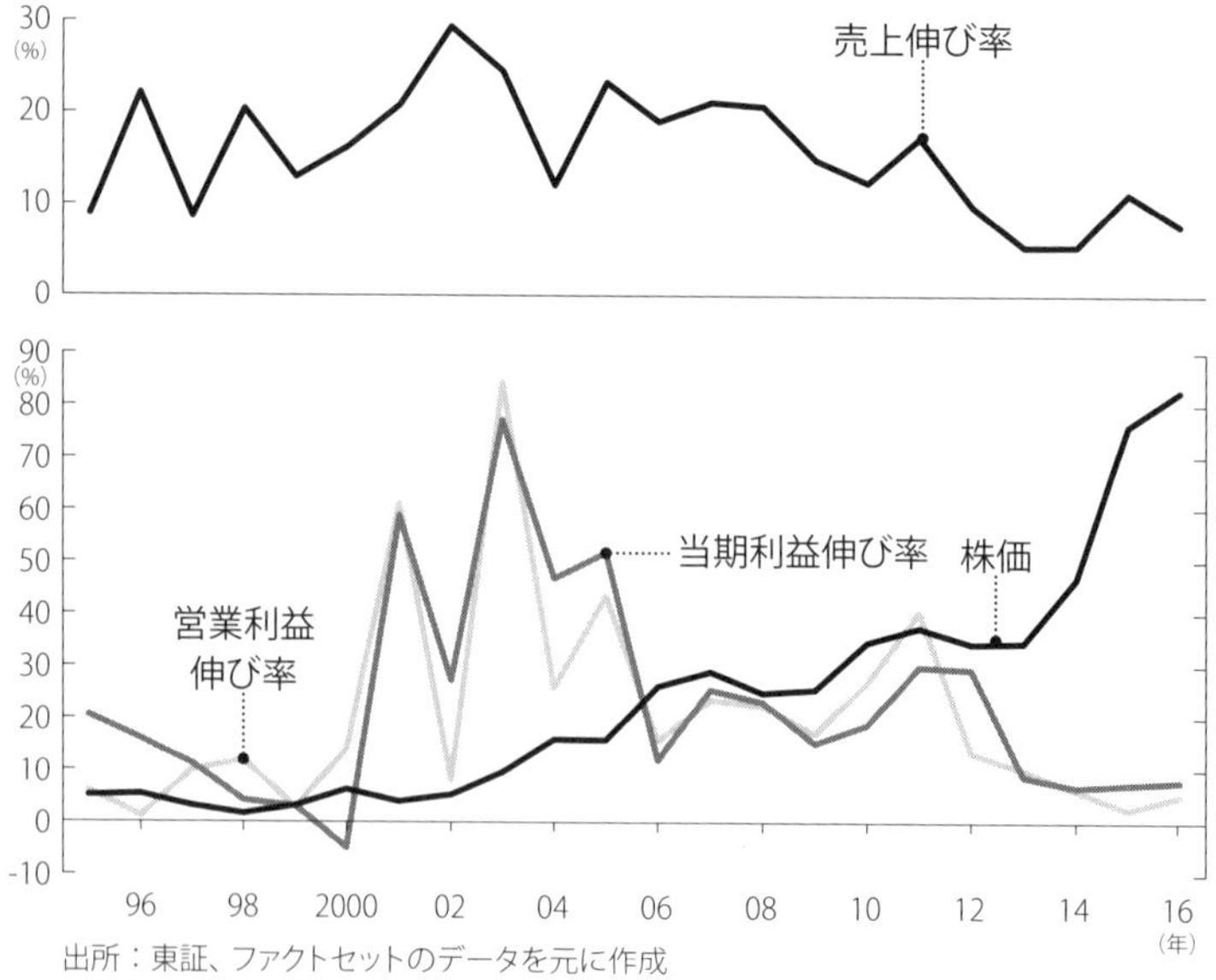


出所：東証、ファクトセットのデータを元に作成
※株価は3月末時点

## 図表3-9 業績の上昇と下落がランダムで予測は困難
——ソニー（電気）

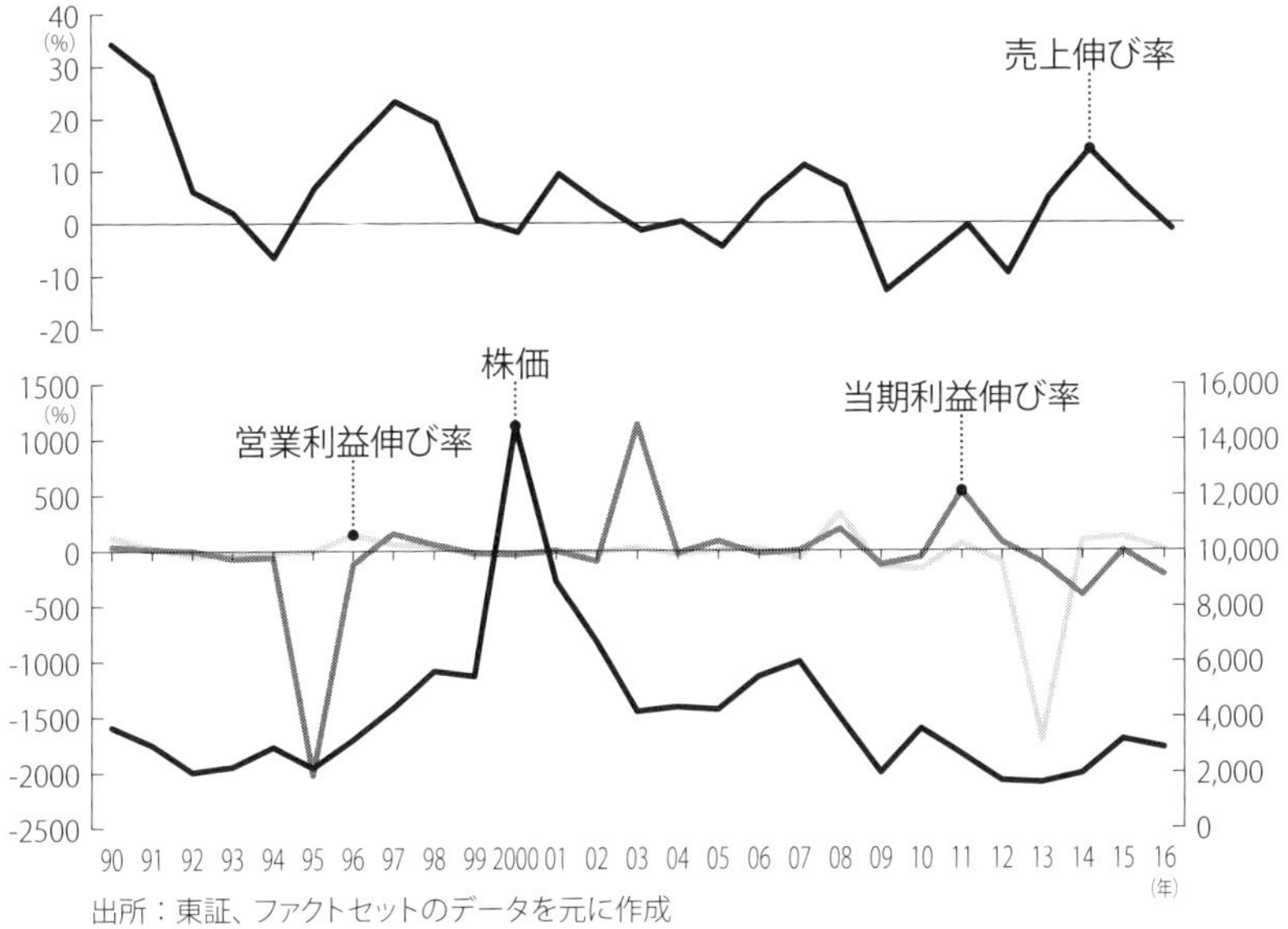


出所：東証、ファクトセットのデータを元に作成
※株価は3月末時点

LECTURE 3-3

# 資本と株価

## 資本が潤沢であれば業績不振に耐えることができる

### 資本は企業の底力を示す

仮に業績が低迷していたとしても、資本が盤石であれば、何年かは生き延びることができます。では、資本とは具体的に何を意味しているのでしょうか。それを把握するためには、「貸借対照表」、通称バランスシート（BS）を見るのがいちばんわかりやすいといえます。

上場企業が四半期ごとに発行している有価証券報告書や決算短信には、その企業の「貸借対照表」が載っています。決算短信は有価証券報告書の簡易版のようなもので、有価証券報告書よりも早く投資家に開示されます。たとえば3月決算の企業だと、年間決算短信は大体5月ごろに出ますが、有価証券報告書は6月後半から7月ごろです。ちなみに、有価証券報告書は、健康診断書のようなものなので、投資する際には、その企業が発行している有価証券報告書に必ず目を通すようにしましょう。

貸借対照表の見方について説明しておきます。

貸借対照表には、大きく3つの項目があります。「資産の部」「負債の部」「純資産の部」です。左側が「借方」といって資産の部になり、右側が「貸方」といって負債の部と純資産の部で構成されています。

たとえば、個人が事業を始める場合、まずは、それまでに貯めた貯蓄を会社の資本金にします。これが「純資産」に該当します。そして、その資金を使って事業に必要な設備を整え、その設備や現金が「資産」となります。事業は、この資産を用いて利益を生み出していくものです。

また、設備を整えるのに、自分の資本金だけでは足りない場合は銀行から借り入れをしますが、この借り入れが「負債」です。

この例は、個人がビジネスを立ち上げた場合を想定したものですが、企業規模が大きくなったとしても、この貸借対照表（バランスシート）の基本構成は変わりません。企業は自己資金と負債を用いて資産を購入し、その資産を活用してビジネスを展開して売上を立てていきます。そして、売上からさまざまな経費を差し引いて残ったお金が利益になり、その一部を純資産の一項目である「株主資本」に算入します。こうして株主資本が厚くなるほど、会社の財務健全性は高まります。先ほど書いたように、業績の低迷が続いたとしても、倒産しにくくなるのです。

さて、もう少し資本について、詳しく見てみましょう。

純資産の部を見ると、大項目として「株主資本」と「その他の包括利益累計額」「新株予約権」に分かれています。そして、純資産のうち大きな部分を占めるのが株主資本です。株主資本は「資本金」「資本剰余金（資本準備金＋その他資本剰余金）」「利益剰余金」から成り立っています。

資本金は、株主が投資したお金であり、剰余金は企業が稼いで積み上げたお金です。この合計額が株主資本になるのです。

資本金は、企業が発行した株式を、誰かに売ることによって得たお金です。株式を売ると、買った人が株主となります。前章でも触れましたが、株式発行によって得たお金は、株主に対して返済する必要のないお金ですから、貸借対照表上は、負債ではなく自己資本となり、現金が増え、企業にとっては自由に使える現金となります。そして企業は、資本金を用いて事業を営み、売上を立て、そこから各種経費、税金を差し引いた後に残った利益を剰余金に積み立て、内部留保します。ちなみに、株主に対して配当金を支払う場合は、利益剰余金の一部が充てられます。

したがって、反対に赤字決算が続くと利益剰余金がマイナスとなって内部留保を取り崩していくことになるので、株主資本自体も減少してしまいます。自己資本が減少し、マイナスになってしまう状態、つまり債務超過になってしまったら、新たな資本を入れないとなりません。資本が企業の底力を表わしているというのは、仮に業績が悪化して赤字が続いたとしても、株主資本が潤沢であれば、赤字に耐えられるということを指しているのです。

## 時価総額が株主資本を下回ることもある

日本においては、「株主資本は企業の解散価値である」などといわれます。これは、総資産（貸借対照表の借方）から負債（貸借対照表の貸方）を差し引いた残りの大半が、株主資本になるからです。要するに会社を解散させるとき、総資産から負債を返済した残りの額が株主に帰属することから、株主資本が企業の解散価値とイコールとみなされるのです。

ただ、企業の時価総額と株主資本はイコールではありません。企業の時価総額とは、「株価×企業が発行した株式数」のことであり、株式市場で評価されている企業価値のことです。

理論的に考えると、時価総額が株主資本を下回るのはおかしなことですが、実際の株式市場においては、株価が低迷して、時価総額が株主資本を下回るという現象がたびたび起こります。時価総額が株主資本を下回っていれば、株価としては割安であることは間違いありません。通常の株式投資の場合には、たとえ時価総額が株主資本を下回っていたとしても、将来その企業の業績が悪化して赤字に陥ればさらに株主資本が減少するリスクがあるということを織り込んで株価の妥当性を考える必要があるといえます。

取引所で取引されている株式の株価は、現時点におけるその企業の企業価値を積算して示しているわけではありません。結局のところ株価というのは投資家の需給バランスによって決まるので、投資家たちがいくらであればその企業の株式を買いたいのか、あるいはいくらであれば売りたいのかということを考える必要があります。株主資本というのも、そのときの判断指標のひとつにすぎないと考えています。

LECTURE 3-4

# BSとCFの株式投資的な見方

## キャッシュリッチなら株価が上がるというわけではない

### キャッシュのプラス・マイナスを見る

貸借対照表を見るうえでチェックすべきもうひとつのポイントは、資産の部にある「現金および預金」「有価証券」の合計額から、有利子負債の合計額を差し引いた額が、プラスなのかマイナスなのかということです。これがプラスにある傾向の業種とマイナスにある傾向の業種がありますので、必ずプラスでないとならないということはありません。

ちなみに、貸借対照表上には「有利子負債」という項目はないので、負債のなかから、それに該当するものをピックアップする必要があります。具体的には、「短期借入金」「1年以内に返済予定の長期借入金」「コマーシャルペーパー」「1年以内に償還予定の社債」「社債」「長期借入金」を合計した額が有利子負債と考えられます。現金の合計額から有利子負債を差し引き、その額がプラスとなっていることを「ネットキャッシュ」、マイナスとなっていることを「ネットデット」といいます。

ネットキャッシュであった場合には、それが時価総額に対して何割程度になるのかを計算し、この割合が高くなるほど、その企業の株価は割安と考えられます。

たとえば、まだアベノミクス相場がスタートする前の２０１２年の国内株式市場には、それこそこの比率が高いどころか、キャッシュの総額が時価総額よりも高い銘柄がたくさんありました。株式市場全体が総悲観状態に陥っていたため、株価が企業の実態を反映しないほどに売り込まれていたのです。このように、キャッシュの総額が時価総額を超えているような企業は、お金が落ちているようなものだといっても過言ではないでしょう。理屈からいえば、その会社をまるまる買収し、それを解散させてしまうだけで、買収にかかったコストよりも多くの現金をすぐに手に入れることができるからです。

とはいえ、キャッシュの総額が時価総額を超えているような極端な状態になっているケースを除けば、ネットキャッシュの割合が高い企業の株式がすべて値上がりするのかというと、実際にはそうではないケースもあります。いくらキャッシュリッチで貸借対照表が健全な企業でも、利益が成長していないために、事業を継続するには現金を使わないとならない状態であったり、その現金を将来の利益成長のための投資に使っていなかったりすると、株主への配当金を増やしたり自社株式を買ったりするといった株価上昇にプラスになる要因がない限り、株価は上がりにくいのです。

私はファンドマネジャーですから、どの企業に投資するかを検討するときには、企業を訪問し、財務担当者や経営者からさまざまな話を聞きます。その際、キャッシュをたくさん持っている企業であれば、「この現金を今後どう有効利用するのか」「株式還元や資本効率を上げて、ＲＯＥを向上させていく考えはあるのか」「事業拡大のためのＭ＆Ａなどについての考え方はどうなのか」といったことを尋ねるようにしています。現金を持っているだけではなく、それを活用して利益を成長させるなどの施策を打っていくことが大切だと考えているからです。

これに対して、キャッシュが足りない企業は、基本的には良い状態とはいえません。鴻海に買収される前のシャープのように、巨額の負債を抱え込んで、かつキャッシュが不足している状況だと、利益を成長させるための投資はまったくできませんし、何よりも運転資金が不足して、事業の継続が危うくなります。

企業の倒産情報などを見ていると、売上や利益はあるのに倒産してしまうケースというのは意外に多いことに気づきます。その原因の大半は、現金が足りないからです。たとえば売上が増えていたとしても、売掛金が莫大で、その回収がうまくいかず、運転資金さえもが行き詰まってしまい、倒産に陥ってしまうというパターンです。

その企業にどのくらいの現金が必要かは、必要な運転資金を計算することでわかります。当然、必要な運転資金は少ないほうが望ましいのですが、必要な運転資金は業種または企業によって結構な違いがありますので、分析の際は運転資金の額だけではなく、現預金との関係を確認するようにしましょう。

厳密に計算するためには、その企業のお金の流れを把握する必要がありますが、公表数字を次の式に入れることによって、大体の運転資金を計算できます。

受取手形・売掛金＋棚卸資産（商品および製品、仕掛品、原材料および貯蔵品）―支払手形・買掛金貸借対照表の現預金が運転資金よりも小さければ、事業を行なううえで資金ショートする可能性があるので、借入など何らかの形で現金を増やす必要が想定できます。

## フリーキャッシュフローの求め方

貸借対照表（BS）、損益計算書（PL）と並んで大切な財務諸表として、キャッシュフロー計算書（CF）があります。

キャッシュフロー計算書には、ある期間のお金の流れが記載されています。「営業キャッシュフロー」「投資キャッシュフロー」「財務キャッシュフロー」の3つがあり、営業活動、投資活動、財務活動の結果、手元にキャッシュがあるのかどうかを見るうえで役に立ちます。

営業キャッシュフローは、本業による収入と支出の差額のことです。収入が支出を上回っていれば本業が順調で安定的に現金が入ってきていることになりますが、支出が収入を上回ると本業が苦戦していて現金が入ってこず、現金が減少していることになります。ただし、企業分析するうえで共通することですが、数字だけで良し悪しを判断するのは見誤る原因ともなります。たとえば、営業キャッシュフローのなかには、売上債権や棚卸資産の増加は支出となるため、営業キャッシュフローは悪化します。ただし、売上高も増加しており、売上債権回収期間や棚卸回転率が改善しているのであれば、これは一概に悪いとはいえません。そういう意味で分析するときにはさまざまな角度から検討する必要があります。

投資キャッシュフローは、投資活動によって生じる現金の過不足を示しています。生産設備や保有有価証券などを売却するとキャッシュインになり、買い付けるとキャッシュアウトになります。健全な企業は成長するために絶えず投資を行なっているため、この項目はマイナスになるのが普通です。

財務キャッシュフローは、財務面で生じている資金の過不足を示すもので、配当金を支払ったり、自社株買いをしたり、借入を返済したりした場合にはマイナスになり、借入を起こしたり社債を発行したりして資金を調達した場合はプラスになります。

これら3つのキャッシュフローのうち、営業キャッシュフローと投資キャッシュフローを合算したものが「フリーキャッシュフロー」といって、企業が事業を営みながら生み出したお金です。フリーキャッシュフローが大きくなるほど、手元の現金が潤沢になることを意味するので、経営状態は良好であると考えられます。また、次の計算式で求められるフリーキャッシュフロー利回りも重要です。

フリーキャッシュフロー利回り＝時価総額÷フリーキャッシュフロー

この指標はとくに海外投資家のあいだでは、配当利回り以上に投資する際の判断材料にされています。買収した場合、何年で投資回収ができるかを表していると考えられているからです。

## 数字の「変化」を見ること

このほかにも、以下のように貸借対照表や損益計算書の項目を加工することによって、経営状態の良し悪しを判断するための数字を計算することができます。

**①自己資本比率**

自己資本が総資産の何割かを示していますが、この数字が大きければ負債が少なく、低ければ負債が多いことになります。業種によって違いはありますが、40％以上が望ましいレベルです。

**②デットエクイティレシオ**

自己資本に対して、負債が何倍かを示す数字です。1倍以下は健全と判断できます。

**③短期借入と長期借入のバランス**

長期借入に比べて短期借入の金額が大きな企業の場合、銀行からの信用力が低いと考えられます。銀行は信用力の低い相手に資金を貸し出す場合、できるだけ早い時期に回収しようとするため、長期の融資に応じなくなるからです。また企業の立場からすると、金利の低い長期借入のほうが短期借入よりも得です。

たとえば、次ページ**図表3―10**のシャープの例をご覧ください。

2000年3月期の業績を見ると特段問題は見当たりませんが、2005年3月期から2009年3月期にかけて運転資金を現預金でカバーできなくなり、有利子負債が増え、自己資本比率が下がっているのがわかります。

２０１１年３月期から２０１２年３月期にかけて、有利子負債に占める短期借入金と長期借入金の構成比が逆転し、短期借入金の額が増えています。これは銀行が長期で貸したくないという判断からと想定できます。デットエクイティレシオも安全と考えられる１倍を超えるレベルになり、２０１５年３月期はこの数字が21・４２倍となり、自己資本比率も２・３％とかなり危機的な状況になっていきました。

### ④在庫回転月数

「12×（棚卸資産÷年間売上高）」で求められます。在庫が何か月で売上になるかがわかります。たとえば年間の売上が１００億円で、棚卸資産が50億円だと、在庫回転月数は６か月になります。時系列でこの数字を比べて、いままでに比べて回転月数が長期化している場合は、状況が悪化している可能性を意味し

| 2011年3月 | 2012年3月 | 2013年3月 | 2014年3月 | 2015年3月 | 2016年3月 |
|---|---|---|---|---|---|
| 3,021,973 | 2,455,850 | 2,478,586 | 2,927,186 | 2,786,256 | 2,461,589 |
| 247,888 | 195,325 | 191,941 | 379,596 | 258,493 | 275,399 |
| 392,780 | 375,411 | 424,223 | 432,744 | 414,014 | 287,271 |
| 486,060 | 527,483 | 310,709 | 295,126 | 338,300 | 181,313 |
| 531,638 | 334,095 | 293,047 | 292,518 | 334,545 | 212,556 |
| 820,961 | 1,094,467 | 1,143,382 | 1,071,376 | 953,496 | 712,844 |
| 278,509 | 585,451 | 910,295 | 781,897 | 840,026 | 632,593 |
| 33.9% | 53.5% | 79.6% | 73.0% | 88.1% | 88.7% |
| 542,452 | 509,016 | 233,087 | 289,479 | 113,470 | 80,251 |
| 66.1% | 46.5% | 20.4% | 27.0% | 11.9% | 11.3% |
| 1,048,645 | 645,120 | 134,837 | 207,173 | 44,515 | ▲31,211 |
| 2,885,678 | 2,614,135 | 2,087,763 | 2,181,680 | 1,961,909 | 1,570,672 |
| 36.3% | 24.7% | 6.5% | 9.5% | 2.3% | -2.0% |
| 0.78 | 1.70 | 8.48 | 5.17 | 21.42 | ▲22.84 |
| 573,073 | 899,142 | 951,441 | 691,780 | 695,003 | 437,445 |
| 347,202 | 568,799 | 441,885 | 435,352 | 417,769 | 256,028 |
| 140.1% | 291.2% | 230.2% | 114.7% | 161.6% | 93.0% |
| 1.56 | 1.83 | 2.05 | 1.77 | 1.78 | 1.40 |
| 1.93 | 2.58 | 1.50 | 1.21 | 1.46 | 0.88 |
| 2.11 | 1.63 | 1.42 | 1.20 | 1.44 | 1.04 |

ます。

**⑤売掛金回転月数**

「12×（売掛金÷年間売上高）」で、売掛金を何か月で回収できているかがわかります。売掛金は資産の部に入っている項目で、当然、売掛金の回収は早期に行なえたほうが、企業の経営上は良いことになります。

**⑥買掛金回転月数**

「12×（買掛金÷年間売上高）」で、何か月で支払いが起こっているのかがわかります。買掛金は負債の部に入っている項目で、この期間が短いと、それだけ企業は支払いに追われることになります。売掛金回転月数よりも短い場合は、支払いのために現金を蓄える必要があり、足りない場合は借入で賄う必要があります。経営的には望ましくない状況であることを意味します。

**図表3-10　借入金の状況から苦境は明らかだった**
――シャープの経営指標の推移（単位：百万円）

| | 2000年3月 | 2005年3月 | 2009年3月 | 2010年3月 |
|---|---|---|---|---|
| 売上高 | 1,854,774 | 2,539,859 | 2,847,227 | 2,755,948 |
| 現預金 | 418,227 | 392,121 | 336,937 | 348,414 |
| 売掛金・受取手形 | 327,673 | 451,091 | 345,703 | 439,877 |
| 棚卸資産 | 266,013 | 325,723 | 399,985 | 411,263 |
| 買掛金・支払手形 | 299,204 | 519,691 | 446,866 | 554,368 |
| 有利子負債 | 476,725 | 437,457 | 806,480 | 794,453 |
| 短期借入金 | 235,432 | 307,492 | 398,405 | 294,339 |
| 対有利子負債額（%） | 49.4% | 70.3% | 49.4% | 37.0% |
| 長期借入金 | 241,293 | 129,965 | 408,075 | 500,114 |
| 対有利子負債額（%） | 50.6% | 29.7% | 50.6% | 63.0% |
| 純資産 | 958,671 | 1,004,326 | 1,048,447 | 1,065,860 |
| 総資産 | 1,987,444 | 2,385,026 | 2,688,721 | 2,836,255 |
| 自己資本比率 | 48.2% | 42.1% | 39.0% | 37.6% |
| デットエクイティレシオ | 0.50 | 0.44 | 0.77 | 0.75 |
| ネットデット | 58,498 | 45,336 | 469,543 | 446,039 |
| 運転資金 | 294,482 | 257,123 | 298,822 | 296,772 |
| 対現預金% | 70.4% | 65.6% | 88.7% | 85.2% |
| 売掛金回転率 | 2.12 | 2.13 | 1.46 | 1.92 |
| 在庫回転率 | 1.72 | 1.54 | 1.69 | 1.79 |
| 買掛金回転率 | 1.94 | 2.46 | 1.88 | 2.41 |

出所：会社の公表値を元に作成

在庫回転月数、売掛金回転月数と買掛金回転月数を見るときは、それぞれの期間を見比べてください。売掛金回転月数および在庫回転月数と買掛金回転月数の開きが小さければ気にする必要はありませんが、売掛金回転月数や在庫回転月数のほうが長い場合は必要となる運転資金が増えます。

**⑦固定費**

固定費が高い企業は、想定どおりに売上が伸びないと、減益リスクにさらされます。固定費というのは、人件費、家賃や減価償却費など、売上の増減に左右されずにかかる費用のことです。固定費は、「売上原価」と「販売費および一般管理費」のなかに含まれています。

**⑧変動費**

売上の増減に左右される費用で、材料費、外注費、運送料、販売手数料などが該当します。固定費同様、「売上原価」と「販売費および一般管理費」のなかに含まれています。

**⑨限界利益および限界利益率**

これは次の式で求めることができます。

限界利益＝売上高－変動費＝固定費＋営業利益
限界利益率＝限界利益÷売上高×１００

限界利益が固定費を上回ると営業利益が出ている状態で、下回ると営業損失の状態になります。また、限界利益と固定費が同額の場合には、損益分岐点といって営業利益0円の状態であることを意味します。

限界利益率が低ければ、損益分岐点売上高も低くなり、利益が出しやすい構造であるといえます。ただし、売上高が同等で増収額も同等の場合、限界利益率が低い企業の利益の増加率は、限界利益率の高い企業よりも低くなります。逆にいえば、限界利益率の高い企業は、売上高が増加すれば、利益の増加率が大きく出てくるということです。

**⑩損益分岐点売上高**

この数字が低ければ低いほど、少ない売上でも利益が出る構造になっていることを意味します。損益分岐点売上高を実際の売上高が超えない限り、利益が出せないということです。もし利益が赤字であれば、売上高に対して固定費率が高すぎると考えられます。より正確にいえば、固定費に限らず、変動費が高すぎるともいえますが、変動費は売上の増減によって上下するため、売上に関係なくかかる固定費を減らすことで、利益を出せる構造に変えることができます。

以上の関係をまとめたものが次ページ**図表3―11**です。この関係を理解することで、たとえば、会社の売上予想に対して、営業利益予想が妥当かどうかのイメージができます。

簡単に限界利益を計算したいときは、私は会社が公表した数字と修正数字（上方修正、下方修正）から算出しています。

売上が上振れたことで上方修正したとします。もともとの売上が15000、利益33500で、上方修正値がそれぞれ200000、66000になったら、(66000−33500)÷(200000−150000)で計算でき、限界利益率が65%となります。固定費が前年と変わらないと前提を置くと、限界利益率は(利益+固定費)÷売上高ですので、このケースの場合、65%=(33500+固定費)÷150000となります。固定費を逆算すると64000となります(**図表3—12**)。

損益分岐点売上高は固定費÷限界利益率で出せます。(売上高−損益分岐点売上高)×限界利益率=利益ですので、もし売上高が計画値に対して上回る、または下回る場合、その会社の利益がどのくらいまで上がるか下がるかなども予測できます。当然ながら、限界利益率が高い会社ほど売上が上振れたときは利益の増加幅が大きくなり、売上高が未達のときは、利益の落ち込みが大きくなります。

### 図表3-11 ◎ 売上や固定費等と損益分岐点の関係

| A社 | | |
|---|---|---|
| 売上高 | 150,000 | |
| 利益 | 33,500 | =売上高－固定費－変動費<br>=(売上高－損益分岐点売上高)×限界利益率<br>=(売上高)×(1－(変動費÷売上高))－固定費<br>=限界利益－固定費 |
| 固定費 | 64,000 | =限界利益－営業利益 |
| 変動費 | 52,500 | =売上高－固定費－営業利益 |
| 損益分岐点売上高 | 98,462 | =固定費÷限界利益率<br>=固定費÷(1－(変動費÷売上高)) |
| 限界利益 | 97,500 | =売上高－変動費<br>=固定費＋営業利益<br>=売上高×限界利益率 |
| 限界利益率 | 65% | =限界利益÷売上高×100 |

なお、これらの数字は単年度だけを見ても、あまり意味はありません。大事なことは、数年間にわたってチェックを続け、その変化を把握することです。急激に数字が変わることもありますし、緩やかながらも徐々に変わっていくこともあります。

前述したように、国内株式市場には3531の企業が株式を上場しているわけですが、それらすべてについて、これらの数字をチェックすることは不可能でしょう。ですが、自分がウォッチリストに挙げているような企業に関しては、定期的に見ておくといいでしょう。また、保有している銘柄については、四半期ごとにチェックするといいでしょう。ちなみに、限界利益は四半期で情報が取れることがほとんどありませんので、これは年間でいいと思います。

**図表3-12 上方修正や下方修正の程度も予測できる**

| | A社 | B社 |
|---|---|---|
| 売上高 | 150,000 | 150,000 |
| 利益 | 33,500 | 33,500 |
| 固定費 | 64,000 | 11,500 |
| 変動費 | 52,500 | 105,000 |
| 損益分岐点売上高 | 98,462 | 38,333 |
| 限界利益 | 97,500 | 45,000 |
| 限界利益率 | 65% | 30% |

➡

| A社 | 前年比 | B社 | 前年比 |
|---|---|---|---|
| 200,000 | 33% | 200,000 | 33% |
| 66,000 | 97% | 48,500 | 45% |
| 64,000 | | 11,500 | |
| 70,000 | | 140,000 | |
| 98,462 | | 38,333 | |
| 130,000 | | 60,000 | |
| 65% | | 30% | |

# いちばん有名な指標「PERとPBR」と株価

## 「割安」「割高」とは?

### PERは極端に低い数字をチェックする

株価の割高・割安を示す指標のことを「バリュエーション」ともいうのですが、それでは割高・割安とは一体、何をもってそのように判断されているのでしょうか?

バリュエーションを計る指標のなかで代表的なものとしては、PERとPBRがあります。市場全体のバリュエーション水準を見たい場合は、日本取引所グループのウェブサイトの統計情報(株式関連)で大型、小型などのタイプ別や業種別に公表されています(**図表3―13**)。

ただし、注意が必要なのは、これらの数値を計算する際の業績は実績ベースとなっていることです。投資家は、通常将来を見据えて投資をするため、バリュエーションも企業業績の予想ベースの数値を使うほうが望ましいといえます。しかしながら、その情報が取れない場合は、実績で今期大体どのくらいの増益、減益になるかでバリュエーションを概算することができます。

## 図表3-13 ◎ バリュエーションの水準は公表されている

—— 規模別・業種別 PER・PBR（連結、市場一部、2016年11月末）

| 種別 | 会社数（社） | 単純 | | | | 加重 | | | |
|---|---|---|---|---|---|---|---|---|---|
| | | PER（倍） | PBR（倍） | 1株当たり当期純利益（円） | 1株当たり純資産（円） | PER（倍） | PBR（倍） | 親会社株主に帰属する当期純利益合計（億円） | 純資産合計（億円） |
| 総合 | 1,980 | 18.9 | 1.1 | 14.25 | 235.88 | 18.0 | 1.2 | 305,528 | 4,499,981 |
| 大型株 | 99 | 22.7 | 1.8 | 30.17 | 384.60 | 16.9 | 1.3 | 172,684 | 2,325,315 |
| 中型株 | 400 | 21.2 | 1.3 | 19.27 | 304.68 | 20.1 | 1.2 | 94,623 | 1,545,626 |
| 小型株 | 1,476 | 17.2 | 1.0 | 11.84 | 207.89 | 18.3 | 1.1 | 38,185 | 628,778 |
| 総合（金融業を除く） | 1,842 | 20.0 | 1.2 | 13.55 | 220.17 | 19.8 | 1.4 | 244,782 | 3,506,845 |
| 製造業 | 897 | 21.6 | 1.2 | 13.85 | 257.42 | 19.7 | 1.4 | 142,673 | 1,978,139 |
| 非製造業 | 945 | 18.3 | 1.3 | 13.26 | 184.82 | 19.9 | 1.3 | 102,108 | 1,528,706 |
| 1水産・農林業 | 7 | 18.9 | 1.3 | 10.09 | 142.84 | 20.6 | 1.4 | 281 | 3,995 |
| 2鉱業 | 7 | 31.3 | 0.5 | 6.44 | 422.22 | 82.6 | 0.5 | 227 | 39,310 |
| 3建設業 | 99 | 11.2 | 1.0 | 31.23 | 346.99 | 13.6 | 1.4 | 11,612 | 113,952 |
| 4食料品 | 77 | 25.7 | 1.6 | 14.71 | 242.13 | 24.4 | 2.1 | 10,939 | 126,391 |
| 5繊維製品 | 39 | 18.8 | 0.8 | 11.86 | 281.09 | 17.6 | 1.1 | 1,975 | 31,404 |
| 6パルプ・紙 | 12 | 25.5 | 0.7 | 8.29 | 284.72 | 23.4 | 0.7 | 614 | 20,109 |
| 7化学 | 139 | 18.1 | 1.2 | 18.12 | 279.91 | 20.3 | 1.4 | 16,620 | 233,209 |
| 8医薬品 | 39 | 22.9 | 1.7 | 15.09 | 205.85 | 26.5 | 2.0 | 9,946 | 130,487 |
| 9石油・石炭製品 | 11 | - | 1.1 | -6.12 | 178.94 | - | 0.8 | -3,954 | 33,320 |
| 10ゴム製品 | 11 | 13.9 | 1.2 | 24.30 | 274.68 | 12.3 | 1.3 | 4,075 | 37,423 |
| 11ガラス・土石製品 | 32 | 19.6 | 0.8 | 13.96 | 332.19 | 21.3 | 1.1 | 2,263 | 44,168 |
| 12鉄鋼 | 32 | 33.7 | 0.7 | 6.69 | 325.25 | 23.7 | 0.7 | 2,707 | 87,116 |
| 13非鉄金属 | 24 | 43.7 | 0.9 | 6.58 | 303.45 | 21.9 | 0.9 | 1,970 | 49,468 |
| 14金属製品 | 40 | 17.3 | 0.8 | 12.48 | 262.65 | 28.5 | 1.0 | 1,375 | 37,528 |
| 15機械 | 132 | 17.1 | 1.1 | 16.06 | 240.86 | 19.1 | 1.5 | 13,543 | 177,458 |
| 16電気機器 | 162 | 27.0 | 1.4 | 12.76 | 243.14 | 26.2 | 1.6 | 23,868 | 388,426 |
| 17輸送用機器 | 64 | 18.0 | 1.0 | 14.50 | 252.91 | 11.3 | 1.2 | 50,524 | 485,087 |
| 18精密機器 | 28 | 20.3 | 1.5 | 14.10 | 193.76 | 21.8 | 2.2 | 3,327 | 32,920 |
| 19その他製品 | 55 | 26.0 | 1.1 | 10.80 | 260.64 | 35.4 | 1.6 | 2,874 | 63,618 |
| 20電気・ガス業 | 21 | 12.5 | 1.0 | 17.70 | 215.75 | 8.8 | 0.9 | 9,958 | 99,733 |
| 21陸運業 | 41 | 24.0 | 1.4 | 20.20 | 344.42 | 25.7 | 1.6 | 8,284 | 135,263 |
| 22海運業 | 8 | - | 0.6 | -23.71 | 277.08 | - | 0.5 | -2,080 | 20,730 |
| 23空運業 | 3 | 14.0 | 1.5 | 24.17 | 223.48 | 9.4 | 1.4 | 2,527 | 16,805 |
| 24倉庫・運輸関連業 | 22 | 17.1 | 0.8 | 17.77 | 367.74 | 17.2 | 0.8 | 704 | 14,680 |
| 25情報・通信業 | 164 | 22.5 | 1.9 | 8.32 | 101.04 | 16.9 | 1.6 | 32,305 | 334,107 |
| 26卸売業 | 163 | 13.9 | 0.9 | 13.12 | 210.17 | 29.3 | 0.9 | 7,770 | 251,225 |
| 27小売業 | 188 | 25.2 | 1.8 | 11.07 | 156.27 | 27.3 | 1.9 | 11,434 | 167,336 |
| 28銀行業 | 84 | 9.8 | 0.5 | 29.13 | 600.25 | 10.0 | 0.6 | 40,981 | 726,616 |
| 29証券、商品先物取引業 | 23 | 13.1 | 0.9 | 11.60 | 173.58 | 13.9 | 0.9 | 3,756 | 56,153 |
| 30保険業 | 9 | 14.6 | 1.1 | 18.22 | 252.34 | 13.2 | 0.9 | 9,769 | 145,406 |
| 31その他金融業 | 22 | 11.5 | 0.9 | 17.20 | 218.42 | 12.5 | 1.2 | 6,238 | 64,959 |
| 32不動産業 | 60 | 16.2 | 1.4 | 16.13 | 184.84 | 19.1 | 1.5 | 7,242 | 92,587 |
| 33サービス業 | 162 | 23.6 | 2.0 | 7.99 | 95.17 | 23.4 | 1.2 | 11,839 | 238,976 |

注1：集計対象は、連結財務諸表を作成している会社は連結、作成していない会社は単体の数値

注2：「ー」は該当数値なし、または、PER・PBRがマイナス値の場合。PER1000倍以上の場合は「＊」を表示

注3：本表の作成に当たって使用した親会社株主に帰属する当期純利益及び純資産は、2015年9月期～2016年8月期の確定数値である

出所：東京証券取引所

個別銘柄であれば、企業が公表している業績予想から自分で計算することもできますが、最近はヤフーファイナンスなどで簡単に調べられます。

PERはPrice Earning Ratioのことで、「株価収益率」と訳されます。これは、企業の1株当たり税引後利益に対して、いまの株価が割高か割安かを判断するための指標です。計算式は、

PER＝株価÷1株当たり当期純利益
＝時価総額÷当期純利益

になります。1株当たり当期利益が200円、株価が4000円だとすると、PERは次のように計算されます。

4000円÷200円＝20倍

PERは通常、低ければ低いほど、現在の株価が割安であることを意味します。

とはいえ、PERが何倍だったら割高なのか割安なのかについて、数値的な基準があるわけではありません。通常は同業他社のPERと比較したり、上場全銘柄の平均PERと比較したり、またはその企業の過去のPER推移のレンジから判断します。ちなみに2016年11月現在、東証1部上場全銘柄の平均PERは16・1倍（予想ベース。日本取引所グループの公表数字は実績ベースで18・9倍）です。

ただ、株式市場において通常に取引されている銘柄のPERが割安であったり割高であったりする

のには、成長性が強いか弱いか、財務が強いか弱いかなど、相応の理由があります。また、企業規模が小さくて成長性が見込まれる新興企業の場合、将来性を織り込んで株価が形成されるため、ＰＥＲが数百倍という、通常でいえばかなり割高な水準まで買われるケースもあります。

ちなみに、株価と利益、成長性の関係を表わすものとしてＰＥＧレシオという指標があります。これは株価収益率（ＰＥＲ）を、１株当たりの利益成長率で割った指標です。昨今はこの指標を使って企業価値を算出しているという話はあまり聞きませんが、実際には低成長の銘柄が低ＰＥＲ、高成長の銘柄が高ＰＥＲのことが多いため、この考え方も有効と思います。

## ＰＢＲは値下がりリスクをチェックするために使う

次にＰＢＲですが、これはPrice Book-Value Ratioのことで、「株価純資産倍率」といいます。企業の１株当たり純資産に対して、現在の株価が割高か割安かを判断するための株価指標です。計算式は、

ＰＢＲ＝株価÷１株当たり純資産
＝時価総額÷純資産

になります。たとえば純資産４００億円、発行済株式数５０００万株の会社の場合、１株当たりの純資産は８００円です。株価が１５００円なら、ＰＢＲは１・８７５倍です。

純資産が倒産価値という観点からは、PBRが1倍だと、純資産に対して株価は割高でも割安でもない、ニュートラルな水準と判断することができます。逆に、1倍を超えると割高に近づき、1倍を割り込むと割安になります。ちなみに2016年11月現在、東証1部上場銘柄の平均PBRは1・1倍（実績ベース）です。したがって全体と比較すると、PBR1・1倍程度であれば、平均的な水準であると考えられます。

このPERとPBRは株式投資について書かれた書籍などにおいては、いちばん一般的な指標として紹介されています。ただ、私がPERとPBRをどう活用しているのかといえば、PBRを株価のダウンサイドリスクを最小限に抑えるための指標としてチェックしているものの、PER単体では企業が割高か割安かの判断はほぼしません。

もちろん、PERが2倍、3倍というように、極端に低い銘柄があれば注目しますが、たとえば10倍程度のPERが果たして割安かといえば、先ほど書いたようにこの数字だけで単純に判断できるレベル感というものはありません。それゆえに私は銘柄をスクリーニング（投資する銘柄を絞り込むために、指標などの数字でふるい分けること）する際に、PERはあくまでも参考程度にしか見ていません。

私の場合、むしろ最初にチェックしているのがPBRです。たとえば、その水準そのものが低いことに加えて、先にも触れたようにネットキャッシュの額が時価総額を上回っているようなケースであれば、「その企業の株価はダウンサイドリスクがほとんどない、極めて割安である」と判断できるからです。とくに、株式市場全体が低調で、下落リスクが強まっているときの銘柄選びにおいては、PBRを重視することによって、良い銘柄を発掘できるケースが多くなります。

ただし、PBRを用いるうえで注意するべき点がひとつあります。その理由を説明する前に、まずは次の計算式を見てください。

ＰＢＲ＝ＲＯＥ×ＰＥＲ

この式からいえることは、ＰＢＲは「ＲＯＥ×ＰＥＲ」で表わされますから、ＰＢＲが低い企業は、ＲＯＥ（次項参照）やＰＥＲも低い企業である可能性が大きいということです。ＰＢＲが低いと、即座に「割安」と判断されがちですが、実は株主資本による企業の収益性、つまりＲＯＥも低くなっていることがあるので、ＰＢＲで見て割安なのにはそれなりの理由があるということです。

LECTURE 3－6

# 近年脚光を浴びているROEと株価

## 投資家のお金が効率的に使われているのかどうか？

### 外国人投資家から改善を求められたことで注目を集めている

ROEとはReturn On Equityのことで、「自己資本利益率」といいます。

ROE＝PBR÷PER

＝当期純利益÷株主資本（※今期と前期末の平均値を使う）

＝1株当たりの利益（EPS）÷1株当たりの株主資本（BPS）

＝（当期純利益÷発行済株式数）÷（株主資本÷発行済株式数）

＝ROA（当期純利益÷総資産）×財務レバレッジ（総資産÷株主資本）※総資産は今期と前期末の平均値を使う

右記の計算式によって求められる数字が高ければ高いほど、その企業は「株主から集めた株主資本を有効に活用して、高い利益を上げている」ということになります。

前項で述べたことを補足していえば、私は銘柄を選ぶときに、上がる株に投資するのですが、その前提となるのが、損する確率が低い銘柄、つまりダウンサイドリスクが低いものです。そのために、「PBRが低く、かつネットキャッシュの額が時価総額を上回っているもの」という条件でスクリーニングをすると同時に、「ROEが高いもの」を探しています。

ROEは近年、日本の証券市場改革のなかで再び脚光を浴びてきました。2014年1月からスタートした「JPX日経400インデックス」という新指標で、高ROEが同インデックスへの採用基準になったためです。その結果、多くの上場企業がROEを意識するようになりました。もともと日本企業は、米国企業などに比べてROEが低く、外国人投資家からその改善を強く求められてきたという経緯がありました。JPX日経400インデックスが登場し、高ROEを同インデックスへの採用基準にしたことは、米国の投資家を意識した動きとも考えられます。ちなみに米国企業のROEは、平均で15%前後ですが、対する日本企業のROEは、東証1部上場銘柄の平均で8%弱です。

## ROEが高ければ良いとはいえない

ただ、たんにROEを高めれば良いということであれば、手っ取り早い方法はいくつかあります。

第一が、株主資本にある余剰資金を配当や自社株買いに回すことです。そうすることによって株主資本を減らせば、ROEを計算するための分母が小さくなり、ROEの向上に寄与します。

第二が、ROAに掛ける財務レバレッジを上げることです。負債を膨らませることによって、新事業やM&Aを行ない、自己資本を増やさずに利益を増やすという戦略です。ROA（Return On Asset）は総資本利益率といい、ROEが株主の投資回収率を表しているのに対して、ROAは投資した資本の回収率を表しています（どちらも高いほうが良いです）。

前者の方法であれば、いずれも株主還元に資するものですから、株式市場では評価されます。

しかし後者の方法は、ROEが向上するとはいえ、一方で負債も膨らむわけですから、この負債を使ってどのように事業を拡大し、利益を上げていくのかが、評価ポイントとなります。

ROEを見る際に大事なことは、自己資本比率との見合いで評価することです。自己資本比率というのは、返済義務を負わない自己資本、つまりBS上では純資産の部に属する額が資産全体、つまり負債と純資産を合わせた額に対してどの程度を占めているのかを見るための数字ですから、理想的なのは、「自己資本比率が高く、かつROEも高い」という企業です。

業種によってはそもそもROEが高くなりがちということもあります。ROEが高くなりがちになるということは、資産をあまり持たずに経営ができているということです。もちろん、それでも利益が大きく伸びているのであれば良いのですが、なかには利益が大して伸びてもいないのに、たんに自己資本が小さいため、見かけ上、ROEが高水準になっているケースもあります。

つまり、ROEもケース・バイ・ケースであり、一概に高い企業が良いとはいえないということです。さまざまな業種、さまざまな企業についてROEをチェックするとともに、同一企業の時系列の推移なども併せてチェックすることで、適正水準を把握するしかないでしょう。

LECTURE 3－7

# EV／EBIT　EV／EBITDAと株価

## 企業価値を何年分の利益で回収できるか？

### 企業買収を行なう際に用いられる指標

見た目からしてとっつきにくいイメージのある言葉ですが、読み方は「イーブイ・イービット」で、「営業利益倍率」といいます。

EVはEnterprise Valueの略で、直訳すると「企業価値」または「買収価値」のことで、次の式で計算できます。

EV＝時価総額＋有利子負債－現預金＝時価総額＋ネットデット

同じ企業価値でも、本章の冒頭で触れた、「将来のキャッシュフローの現在価値」とは少し異なる概念で、EVという場合、一般的には企業買収を行なう際の価格と考えられています。

EBITはEarnings Before Interest and Taxの略で、こちらは直訳すると「利息と税引前の利益」ですから、要するに営業利益のことです。EV、すなわち企業価値を営業利益で割ることによって求められるのが、EV／EBIT（営業利益倍率）というわけです。

EVは、時価総額に有利子負債を加え、そこから現預金を差し引いたものです。

これに対して営業利益は、本業によって生み出されているすべての利益です。つまりEV／EBITとは、「事業を通じて稼いだすべての利益に対する、その企業への資金提供者が提供しているすべての資金の割合（倍率）」ということになります。したがって、この数字が低ければ低いほど、より少ない資金で、より大きな利益を稼いだことを意味しますから、投資する価値があると判断されます。

次にEV／EBITDAです。前出のEV／EBITにDAが加わることによって、何が変わるのかということですが、DAとは、Depreciation and Amortizationの略で、減価償却費のことです。またEBITDAの読み方は「イービットディーエー」「イービットダー」などといい、これと定まったものはありません。

これでEVを割って求められるEV／EBITDAは、企業価値を「キャッシュフロー利益を使って何年で回収できるか」で示すもので、企業買収を行なう際には欠かせない指標のひとつです。この倍率が低い企業ほど、買収に要した資金を短期間で回収できることを意味するため、買収されやすくなります。EV／EBITDAの市場平均倍率は7〜8倍といわれています。

# 配当利回りと株価

## 利回りが高ければ良いというものではない

### 権利確定日が近づくと株価を動かす要因となる

昔から、国債利回りと株の配当利回りは比較されていました。昨今は、国債利回りが超低金利またマイナス金利になり、配当利回りの高い企業の株式に注目が集まっています。マイナス金利で、定期預金の利率が年０・００１％という状況になると、たとえ株価変動リスクがあったとしても、３％、５％という配当利回りを得られる銘柄への投資は注目度が高くなります。

しかし、配当利回りの高さのみで投資するかどうかを判断するのは早計です。なぜなら、配当利回りの高い銘柄が良い銘柄だとは、必ずしもいえないからです。

配当利回りは、年間の配当金額を株価で割れば、簡単に計算できます。式で示すと、次のようになります。

配当利回り＝（年間の1株配当金額÷株価）×100

年間の配当金額が1株につき100円で、株価が2000円であれば、配当利回りは5%になります。計算式の分母が株価であることからも察することができますが、配当利回りが高いときは、相対的に株価は割安であるといえます。逆に、株価が上がって配当金額が増えなければ、配当利回りは徐々に低下していきます。

配当を得られる権利が確定する日（権利確定日＝たとえこの日だけであっても株式を保有していれば配当を得ることができる日。ただし、月末が権利確定日である場合、その3営業日前の権利付き最終売買日に買っておく必要がある）にかけては、高配当利回り銘柄を中心に、株式市場で物色される傾向が強まりますから、タイミングを見誤ると狙いどおりの高配当とならないケースも出てきます。配当権利落ち後は、株価が下落することがありますので、投資する際に注意する必要があります。また、この時期に短期の値上がり益を狙って、高配当銘柄を買って、配当の権利はとらずに売却するという動きも出てきます。

## 配当利回りは付随的にチェックすべき指標に過ぎない

そもそもいくら配当金額が高くても株価が大きく下がってしまったら、何の意味もありません。その意味では、配当利回りだけを指標にして銘柄を選ぶのは間違っています。

さらに、配当利回りはあくまでも予想である点にも注意が必要です。銀行預金のような確定利付きではありません。企業は本決算発表の際に、決算短信で予想配当を発表していますが、これは支払いまでには変更されることもあります。つまり、この変更が配当権利落ち後に発表されることもあります。3月決算企業の株式を、（予想）配当利回りが高いからといって、7月くらいに買ったとしても、まだ第1四半期が終わった程度ですから、本当に前年度の実績や業績の推移から予想されている配当金が支払われるかどうかはわかりません。仮に今決算期中に経済情勢が大きく崩れ、業績が悪化したら、配当金も減額される可能性があります。

高配当銘柄に投資する際は、本当にその高配当が実現するのかどうかという点も考慮する必要があります。この際に参考になるのは、会社の配当に対するスタンスです。たとえば、業績連動で配当を支払う会社なのか、安定配当を支払う会社なのかなど、会社のＩＲ資料から推測できる場合もあります。株主が経営陣かどうか、過去の配当支払いがどうだったかなど、さまざまな観点から調査することで予測の確度が高まると思います。

いずれにしても、配当の程度が株価に与える影響というのはあくまで付随的なものであり、「おまけ」くらいに考えたほうがいいでしょう。株価に最も大きな影響を及ぼすのは、やはり業績の推移がよく、成長性が高いことです。こうしたファンダメンタルズが好調であることを背景にして株価が順調に値上がりするのが、投資家にとっては最もハッピーであり、もし配当も良ければ、それは儲けものという程度の話だといえるでしょう。

配当と同じくらい個人投資家に人気があるのは、株主優待です。たとえば、外食企業などは自社の飲食店で使える割引券などを株主優待として渡しているところもあります。この優待額が大きいところは人気がある傾向もあります。

# 第4章

UNDERSTANDING THE STOCK MARKET

# 「経済ファクターとしての株価」が動くしくみ

LECTURE 4－1

# 景気と株価

## 企業業績は世の中の景気に大きく左右される

### 「好景気であれば株価は全般に上がる」という真実

「不況にある市場の最高の銘柄を買うよりも、好景気の市場の最低の銘柄を買うほうがまし」といわれることがあります。

前章で、結局のところ株価は企業業績に連動すると書きましたが、その企業業績は景気に大きく左右されます。もちろん、不況下でも好業績を続ける企業もありますが、そのような企業を探して投資するよりは、好景気下のマーケットの銘柄に投資するほうが上がる株を探し出せる確率は上がるでしょう。

大半の企業の業績は、景気に強く影響を受けています。したがって、大きな流れとして、「景気悪化↓企業業績低迷↓株価下落」、あるいは「景気好転↓企業業績改善↓株価上昇」となります。

2012年12月、民主党政権から自民党政権に移ってから、安倍内閣が打ち出した経済政策、アベノミクスによって、若干ではありますが、景気は回復しました。実質ＧＤＰの前年同期比を見ると、**図表４―１**のように推移しています。

ＧＤＰの実質成長率を見る限り、国内景気は安倍政権がスタートした２０１２年12月よりも前の段階から、底を打って回復基調に向かっていることがわかります。ちなみに、２０１２年１―３月期、同４―６月期については、その前年同期は東日本大震災の影響によって日本全国で自粛ムードが広がった時期なので、その翌年における前年同期比の経済成長率が高まるのは当然のことだと思いますが、景気回復の足取りは徐々に強まり、２０１３年以降は確たる足取りで実質ＧＤＰ成長率はプラスに転じました。またそれに伴って、株価も上昇トレンドに移行したのは、記憶に新しいと思います。

日経平均株価の年間上昇率を数字で再確認

**図表4-1 実質GDP（季節調整）の前年同期比、前期比の推移**

| | | 前年同期比 | 前期比 |
|---|---|---|---|
| 2011年 | 1―3月期 | 0.1% | ▲2.0% |
| | 4―6月期 | ▲1.6% | ▲0.6% |
| | 7―9月期 | ▲0.5% | 2.7% |
| | 10―12月期 | 0.3% | 0.3% |
| 2012年 | 1―3月期 | 3.3% | 0.9% |
| | 4―6月期 | 3.5% | ▲0.4% |
| | 7―9月期 | 0.3% | ▲0.5% |
| | 10―12月期 | 0.0% | 0.0% |
| 2013年 | 1―3月期 | 0.1% | 1.0% |
| | 4―6月期 | 1.2% | 0.7% |
| | 7―9月期 | 2.1% | 0.4% |
| | 10―12月期 | 2.1% | ▲0.1% |
| 2014年 | 1―3月期 | 2.4% | 1.3% |
| | 4―6月期 | ▲0.4% | ▲2.0% |
| | 7―9月期 | ▲1.5% | ▲0.7% |
| | 10―12月期 | ▲0.9% | 0.6% |
| 2015年 | 1―3月期 | ▲0.9% | 1.2% |
| | 4―6月期 | 0.8% | ▲0.3% |
| | 7―9月期 | 1.9% | 0.4% |
| | 10―12月期 | 0.9% | ▲0.4% |
| 2016年 | 1―3月期 | 0.2% | 0.5% |
| | 4―6月期 | 0.7% | 0.2% |
| | 7―9月期 | 0.8% | 0.5% |

※2016年末に基準改定を行なっているため、新基準と数字の相違がある

してみると、次のようになっています。

２０１２年……………21・４３％
２０１３年……………52・４２％
２０１４年……………９・６９％
２０１５年……………９・３３％
２０１６年初来……▲１・４％（12月８日）

年間を通じて実質ＧＤＰ成長率が安定的に伸びた２０１２年、２０１３年は、日経平均株価のパフォーマンスも大きく上昇しました。

しかし、２０１４年以降になると、雲行きが怪しくなってきました。２０１４年４月に消費税率を５％から８％に引き上げた結果、それ以前は駆け込み需要などによってＧＤＰが大きく押し上げられたものの、２０１４年４―６月期から２０１５年１―３月期までは、実質ＧＤＰ成長率がマイナスに転じたのです。これは個人消費の大幅な落ち込みが原因でした。

そして、その後も国内景気は振るわず、２０１６年４―６月期の実質ＧＤＰ成長率は、対前年同期比で０・６％です。株価も低迷し、２０１４年と２０１５年の年間上昇率は10％に達していません。日経平均株価は、２０１５年６月24日に終値で２万８６８円まで上昇しましたが、これが直近のピークで、そこからは下降トレンドに入りました。その後、２０１６年11月８日にアメリカの大統領選で共和党のトランプ氏が勝利したことで、相場の様子が変わりました。ドル円レートも久々の１１３円台をつけ、2016年12月8日時点の日経平均株価は1万8765円となっています。

このように好景気のときは株式市場は上昇し、不景気のときは下落します。そのため、基本的なトレンドとしてGDPと株価指数は連動しています。これは日本に限らず米国なども同じです（次ページ**図表4―2、図表4―3**）。

国や商品に縛られることなく、どこにでも投資できる人は、好景気の市場に投資をするべきです。株式市場全体を上昇させるには、景況感を良好な状態にする必要があるといえます。アベノミクスの始まりは、まさに日本はこれから景気が良くなるという期待感から上昇しました。しかし、GDPの成長率の鈍化とともに株式市場は2015年の高値を更新できていません。

## 個別企業の株価も全体の影響を大きく受ける

もちろん、個別銘柄の株価が不況下ですべて下落しているわけではありません。なかには、全体相場が下げている局面でも、上がり続ける銘柄もあります。

しかし、前述したように大半の銘柄の株価は、全体相場の値動きに引きずられる傾向があります。業績が良くても全体相場が値下がりすれば、その銘柄の株価も下落しやすくなるのです。少なくとも全体相場が値上がりしているときに買いから入った場合とくらべると全体相場が下落しているときのほうが勝率は下がるでしょう。

「資産運用のリターンは8割がアセット・アロケーションから得られる」といわれますが、これは

図表4-2 ● GDPと株価は連動しやすい（米国の場合）

出所：U.S. Bureau of Economic Analysis, ファクトセットのデータを元に作成

図表4-3 ● GDPと株価は連動しやすい（日本の場合）

出所：内閣府、ファクトセットのデータを元に作成

1986年にGary P Brinson氏らによる米国の年金基金の調査結果から「リターンとボラティリティの9割がアセット・アロケーションに起因する」と発表されたことからきています。アセット・アロケーションとは「資産配分」のことです。その後、さまざまな研究がなされ、少なくとも米国においてはリターンにアセット・アロケーションが大きく貢献するという結果が出ていますが、これらの定説はファンドに投資をするケースが前提になっていて、「どのファンドに投資するかよりも、どのアセット（金融資産の種類）のファンドに投資するかの判断のほうがリターン貢献がある」ということを言っています。つまり、A社の株式投信とB社の株式投信のどちらに投資したらリターンを得られるかよりも、そもそも株式が良いのか、債券が良いのか、コモディティーが良いのかという話です。よく誤解されるのですが、どの国に投資するかのほうが個別銘柄選択よりも意味があるという仮説を立てたわけではなく、個別銘柄投資を元に調査してはいないようです。

しかし、この考え方を個別株にも当てはめると、いまの時点で最も良いと思われるマーケット＝好景気下のマーケットにロングオンリーで資金を投じることが勝率を上げると考えられます。

また「いまの時点で最も良いと思われるマーケットに資金を投じることの大切さ」という点では、景気の良し悪しだけでなく、その時々の国の政策によって後押しされるテーマに乗ることも重要です。株式の格言で「国策に乗れ」というのはそのことを述べています。

たとえばアベノミクスの目的は、デフレ経済からの脱却でした。日本経済の特性からすれば付加価値をつけた製品を輸出することがその根本にありますから、輸出企業の追い風とするためには円安が必要不可欠であり、円安を進めるために質的・量的金融緩和（QQE）が行なわれました。こうした政策の根幹を理解できていたら、政策の追い風を受けてより値上がりしやすいのは輸出関連銘柄であると理解し、上手に投資できたことでしょう。実際、輸出企業の代表であるトヨタ自動車をはじめとする自動車関連銘柄の株価はアベノミクスによって大幅に上昇しました。アベノミクススタート時には4000円前後だったトヨタほどの巨大企業の株価が、ピーク時には8000円を超える水準まで上昇するほど、需給に及ぼす影響は大きかったのです。

# 経済指標が株価を動かすこともある

## 景気の動きに先行するといわれる経済指標はとくに大切

### 先行指標、一致指標、遅行指標がある

前項で景気の良し悪しは株価に大きな影響を及ぼすということに触れましたが、その景気の善し悪しを数値で教えてくれるのが「経済指標」です。前項ではGDPの対前年同期比成長率を用いて株価と景気の関係を説明しましたが、株式市場は景気動向と業績を先に織り込んで動きます。その意味では、少しでも早く景気の現状を把握し、先行きを予測できるようにする必要があるのですが、GDPは四半期に1回の公表ですから、景気の動きを素早く把握するのには向いていません。あくまでも、事後的に景気の状況を確認するためにウォッチしている経済指標です。

そのため、経済予測を仕事としているエコノミストなどは、さまざまな経済指標をまんべんなく見て予測を組み立てていくことになります。いまは、インターネットなどを通じて情報開示がなされ、こうした経済指標は公表されればすぐに情報を確認できるので便利です。

数ある経済指標のなかでも、実際の景気の動きに先行してシグナルを発するものをチェックするのがおすすめです。

では、どの経済指標が景気の動きに先行するのでしょうか。ここで参考になるのが「景気動向指数」です。景気動向指数は、内閣府が公表しているもので、生産、雇用などさまざまな経済活動での重要かつ景気に敏感に反応する指標の動きを統合し、景気の現状把握および将来予測に役立てるために作成された指標です。景気の動きに先行する「先行系列」、ほぼ同じように動く「一致系列」、遅れて動く「遅行系列」があり、30の経済指標を用いて算出しています。

このうち景気の動きに先行する「先行系列」に属する経済指標をウォッチすると、景気の動きに先んじて、今後の景気が拡大するのか、それとも後退するのかが見えやすくなります。

先行系列に含まれている経済指標は次のとおりです。

①最終需要財在庫率指数（逆）
②鉱工業用生産財在庫率指数（逆）
③新規求人数（除学卒）
④実質機械受注（製造業）
⑤新設住宅着工床面積
⑥消費者態度指数
⑦日経商品指数（42種総合）
⑧マネーストック（M2、前年同月比）

⑨東証株価指数
⑩投資環境指数（製造業）
⑪中小企業売上げ見通しＤＩ

相場の先行きを考えるにあたって、ダイレクトに役立つ数字であるのに、こうした指標について意外と軽視しているケースが多いように思います。これら経済指標の公表スケジュールを把握し、定期的にチェックして推移を見ておくだけで、投資する際の自分の立場は格段に有利になります。それは経済指標に限った話ではなく、企業の決算に関する発表はもちろん、マーケットに関連するイベントなどについても、何があるのかについてスケジュールを把握しておけば、どういう数字が公表されて、そのとき株価はどう動くのかといったことを事前にイメージトレーニングできるわけです。

こうしたスケジュールは、自分が関心を持っている企業であればそのホームページの「投資家向け情報」に載っていますし、マーケット全般に関するものであればヤフーファイナンス、日本経済新聞などにも掲載されていますので、きちんとチェックしておくことをおすすめします。

LECTURE 4-3

# 金利と株価

## 教科書とは違って「金利が上がれば株価も上がる」!?

### かつての常識とは異なる動き方になってきた

教科書的には「金利上昇は株価下落」につながり、「金利低下は株価上昇」につながるといわれています。しかし、実際には金利と株価は基本的に一致した動きをしています。つまり、金利が上がれば株価も上がり、金利が下がれば株価も下がるということです。

なぜでしょうか。

本来は金利が上昇すれば、その国の国債を買って利回りを得ようとするため、資金は株式から債券へシフトします。国債価格が下がれば利回りは上がり、国債価格が上がれば利回りは下がる逆相関の関係です。国債が買われるのは、金利が高く、利回りが高いからであり、株式よりも魅力的ということで、金利上昇なら株価は下落といわれています。

国債利回りが高ければ、その国の通貨が上昇するので、企業活動がグローバル化している昨今の通貨高環境下では株式市場は下落します。そして、設備投資を行なうに際して、銀行から借入を行なったり、債券を発行して資本市場から資金を調達したりする際のコストが上昇すれば、企業の設備投資意欲は後退します。

金利が上昇すれば預金金利も上昇するので、貯蓄をする傾向が高まります。また住宅ローンや自動車ローンの金利が上昇することで、高額消費を行なうためのコストが上昇するわけですから、個人も消費を差し控えようとします。日本のGDPに占める個人消費の割合は全体の6割、企業の設備投資は2割といわれています。GDPの8割部分に影響を及ぼすわけですから、経済活動は低迷し、企業業績は後退します。結果、株価も下落すると考えられます。

そして、金利を引き下げるとこれとはまったく逆のことが起こります。貯蓄をするよりも、投資に回して利益を得ようとする行動に出たり、企業の設備投資意欲や個人消費が高まったりするため、企業業績を好転させて株価の上昇につながるというわけです。

しかし、実際には金利と株価は基本的に一致した動きをしています。つまり、金利が上がれば株価も上がり、金利が下がれば株価も下がるということです。これはつい最近も目の当たりにしています。トランプ氏が次期アメリカ大統領に選ばれてから米国債利回りは上昇、米ドルも上昇し、米株式市場も最高値を更新しました。教科書でいわれていることと、実際にマーケットで起こっていることのあいだには、どうやら齟齬が生じているようです。

なぜでしょうか。

では、教科書的な観点ではなく、より現実的な観点から、金利と株価の関係を考えてみましょう。

金利が上昇に転じる前というのは、ある程度のところまで金利水準は下がりきっているのが普通です。かなり古い話になりますが、かつて日本の金利の基準は「公定歩合」と呼ばれるものでした。その公定歩合は1980年3月19日に9％まで上昇したのが、同年8月20日に8・25％に低下した後、合計9回引き下げられ、1987年2月23日には2・5％まで低下しました。

それが引き上げに転じたのが1989年5月31日のことで、それまでの2・5％から3・25％になりました。その後、1990年8月30日までのあいだに、計4回にわたって6％まで利上げが行なわれました。

その間、日経平均株価はどう推移したのでしょうか。

公定歩合が2・5％まで低下した1987年2月の日経平均株価は、月末値で2万7766円でした。それが1989年12月の月末値は3万8915円まで上昇しています。1989年5月時点で利上げが始まり、1989年12月25日には4・25％まで公定歩合の引き上げが行なわれたにもかかわらずです。金利が上昇に転じても、その初期段階では株価が上昇し続けるのです（**図表4－4**）。

## 金利が上がる＝景気が強い

なぜなら、金利を引き上げるということは、その時点において基本的に景気が強いからにほかならないからです。景気が良ければ企業業績は好調ですから、株価も上昇します。したがって、金利の上げ始めは株価の騰勢がまだ弱まることはなく、慣性の法則が働いているように株価は上昇を続けることが多くなります。

ただし、ある程度、金利水準が上がってくると、実体経済にネガティブな影響を及ぼし始めます。

前述したように、企業や個人の資金調達コストを引き上げ、企業の設備投資意欲や個人消費意欲を削ぐ方向に、金利上昇が作用するからです。

金利が低下するときはこれとは逆のことが起こります。それまでの金利上昇局面で企業業績は低迷していますから、金利がピークを打ち、利下げに転じたとしても、しばらくのうちは全体相場が勢いよく上昇に転じるようなことはありません。当面は「金利敏感株」と呼ばれる、金利低下が業績にとくにプラスの影響を及ぼす銘柄を中心に物色の勢いが出始め、実際の企業業績が回復し始めてから、いよいよ全体相場の上昇へとつながっていきます。

各国の中央銀行は、景気と金利のバランス

**図表4-4 金利が上がるときは株価も上がりやすい!?**
―― 日経平均と公定歩合、国債利回りの推移

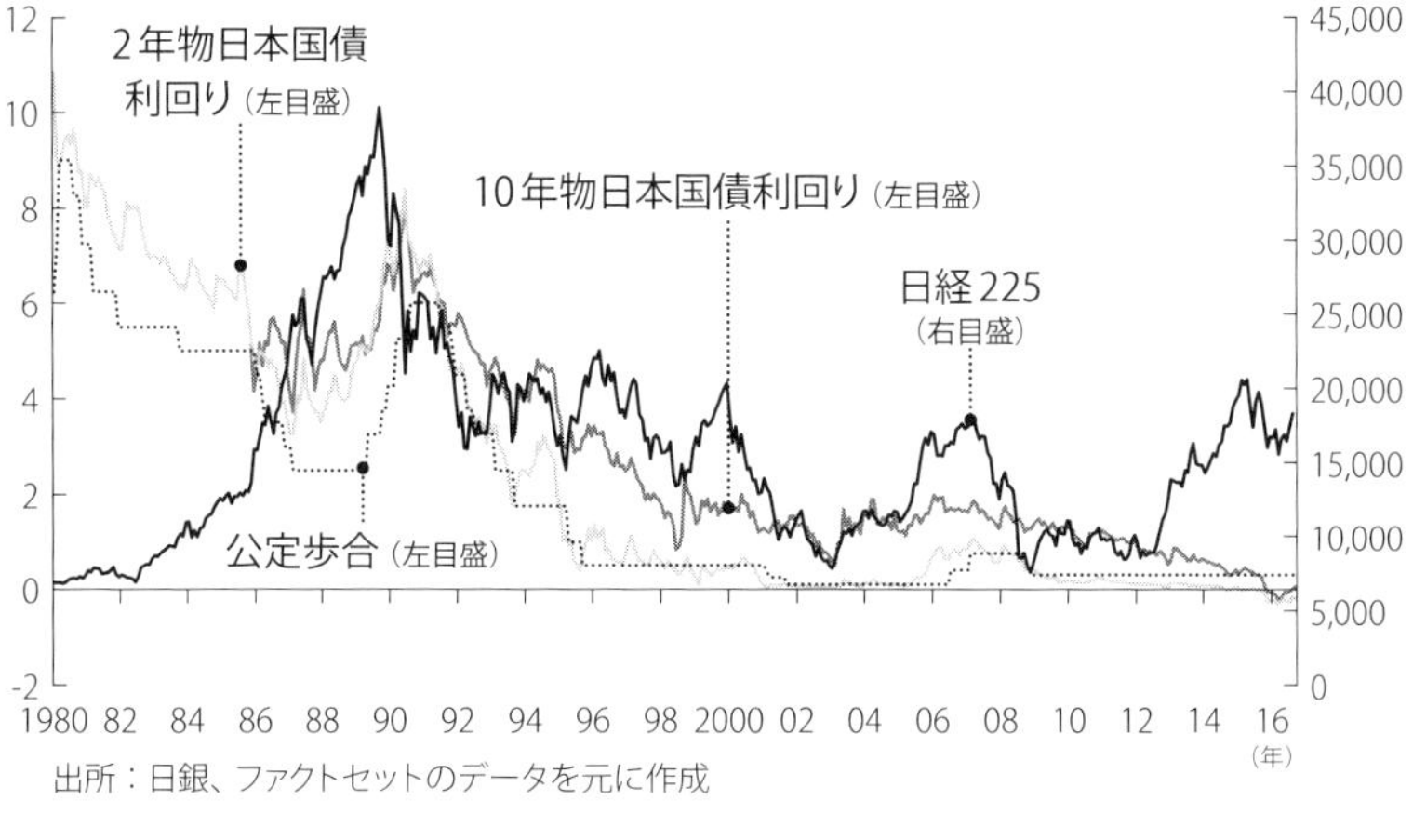


出所：日銀、ファクトセットのデータを元に作成

図表4-5 ● 米国の金利と株価の今後の状況は?

── S&Pと米国債利回りの推移

出所:FRB、ファクトセットのデータを元に作成

図表4-6 ● 金利と株価のサイクル

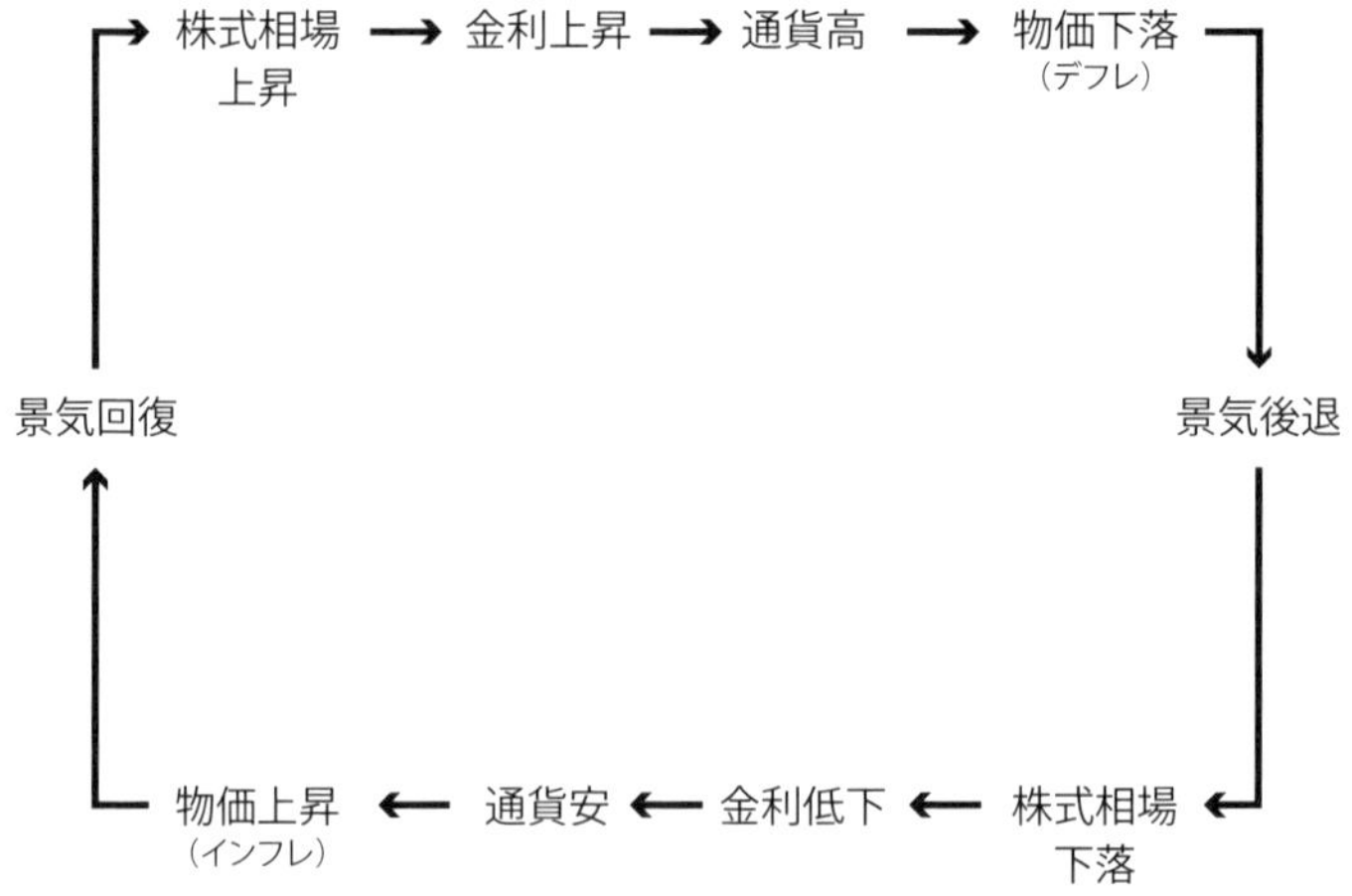

を見ながら政策を決めていきます。いまの米国はまさにこれを実行しているところです。ＦＲＢは米国の好景気を維持しつつ、景気を冷やすことなくさらなる利上げをしようとしています（**図表４―５**）。

金利と為替は互いに影響し合います。投資家は、より高いリターンを取れる資産に資金を投入します。たとえば、金利が上昇している国があって、その国の国債利回りが自国の国債利回りより高かったら、より高い利回りを確保できる国の国債に投資するでしょう。海外の国債はその国の通貨で買う必要があるため、自国通貨を売り、外国通貨を買います。自国通貨は売られるので下がり、高利回りの国債の国の通貨は上昇します。

国債に資金が入ることで、国債価格が上昇し、国債が買われることで、通貨が上昇し、物価が下がり始め、もっと下がるだろうから現金を持っていて買い物は控えようということからデフレとなり、デフレから抜け出すために、金利を下げ、通貨の価値を下げることで、早くモノを買わないと買えなくなるかもと消費を促し、景気を刺激するというサイクルとなります（**図表４―６**）。

LECTURE 4-4

# 為替と株価

## ドル円相場が株価に最も影響を及ぼす

### 米ドルは世界の基軸通貨

為替レートと株価は連動しています。一言で「為替レート」といっても、米ドルと円、米ドルとユーロ、ユーロと円、豪ドルと円、豪ドルとスイスフランなど、さまざまな通貨ペアの取引が行なわれていますが、ここでは米ドルと円の為替レートを取り上げます。

何といっても、日本にとって最大の貿易相手国は米国であり、かつての威光は薄らいだとはいえ、米ドルはいまも世界の基軸通貨とみなされています。また、世界中で最も流通している通貨でもあります。したがって、日本経済や日本の株価を考えるにあたって、米ドルと円の為替レートを中心に据えるのは当然のことでしょう。

最近の傾向としては、その米ドルと円の為替レートは、日本の株価とほぼ連動した動きをしています。つまり、円安が進むと株高、円高が進むと株安という関係が見られます（**図表4―7**）。

為替レートの値動きを見るにあたっては、もうひとつ重要な指標があります。それは、2年物の米国国債と同じく2年物の日本国債の利回り比較です。

2年物米国国債利回り－2年物日本国債利回り

という計算式によって求められる利回り差が上昇すると、米ドルが買われる傾向があります。逆に、利回り差が低下した場合は円が買われる傾向が見られます（次ペ**図表4－8**）。これは、為替を取引しているトレーダーたちが常に日米の利回り差をウォッチしており、それを材料にして米ドルを買ったり、売ったりしているからとされています。

したがって、利回り差が拡大したときは米ドルが買われて円安が進むため、日本の株価は上昇しやすくなりますし、逆に利回り差が

**図表4-7 ● 日経225はドル円レートと連動している**
—— 日経平均とドル円レートの推移

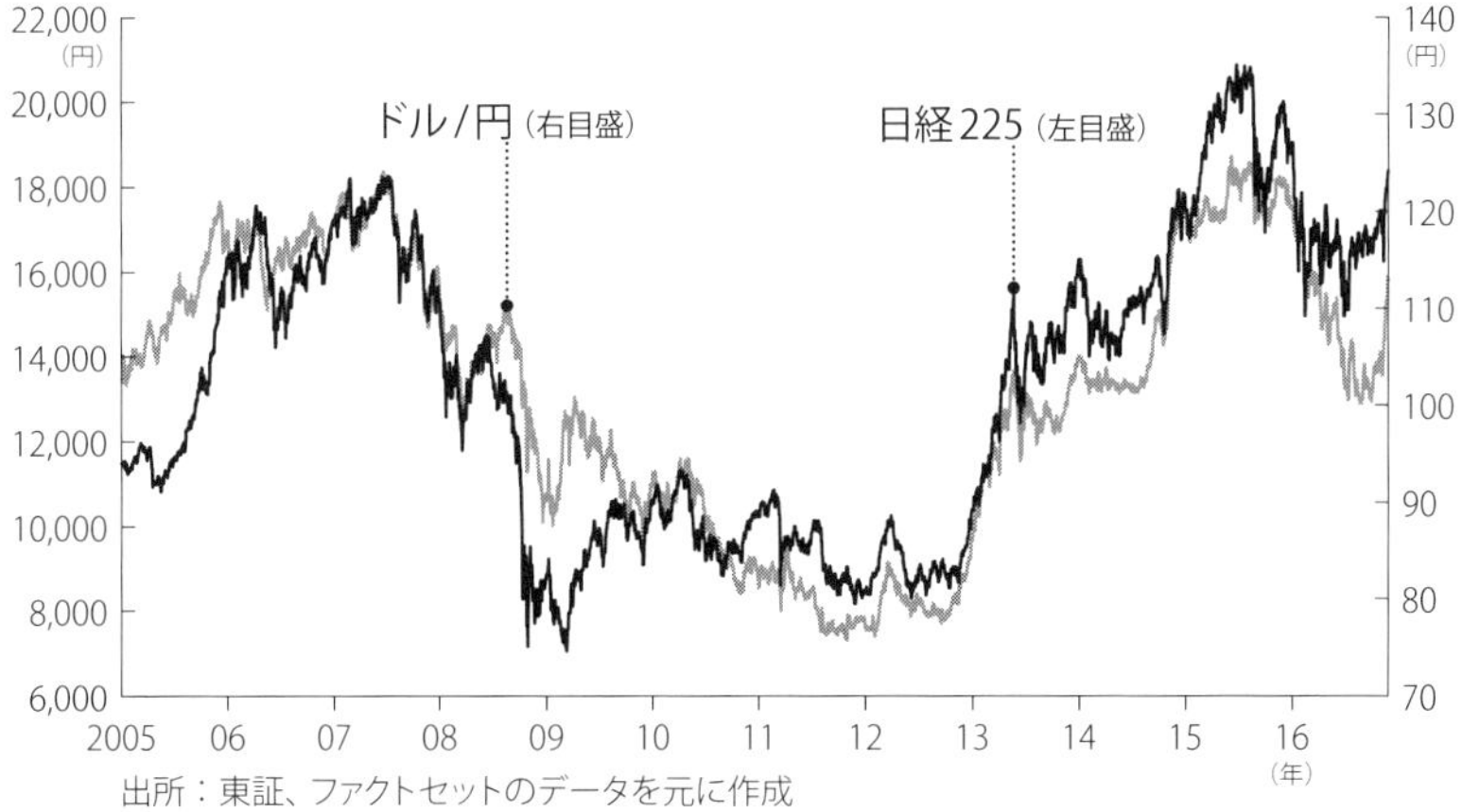


出所：東証、ファクトセットのデータを元に作成

縮小したときは米ドルが売られて円高が進むため、日本の株価は下落しやすくなります。このように、日本の株価を見るにあたって為替をチェックするにしても、それに影響を及ぼす日米金利差がありますから、為替の動きだけでなく、金利の動きも併せてチェックする必要があります。

ただ、円安＝株高、円高＝株安という構図は、昔からずっとそうだったということではありません。過去に円安になっても株式市場が下落を続けた時期もありましたし、将来、かつてのように為替との連動性が低くなる時期もくるかもしれません。そして、銘柄によっても株価の動きは異なり、すべての銘柄に当てはまるわけではありません。

輸出比率の高い企業の株価であれば、このとおりに動く傾向があります。それは輸出にとっては、円安が有利、円高が不利に働くからです。たとえば、1ドル＝120円のとき

**図表4-8 日米の金利差と為替レートの関係**
――ドル円レートと日米国債利回り比較の推移

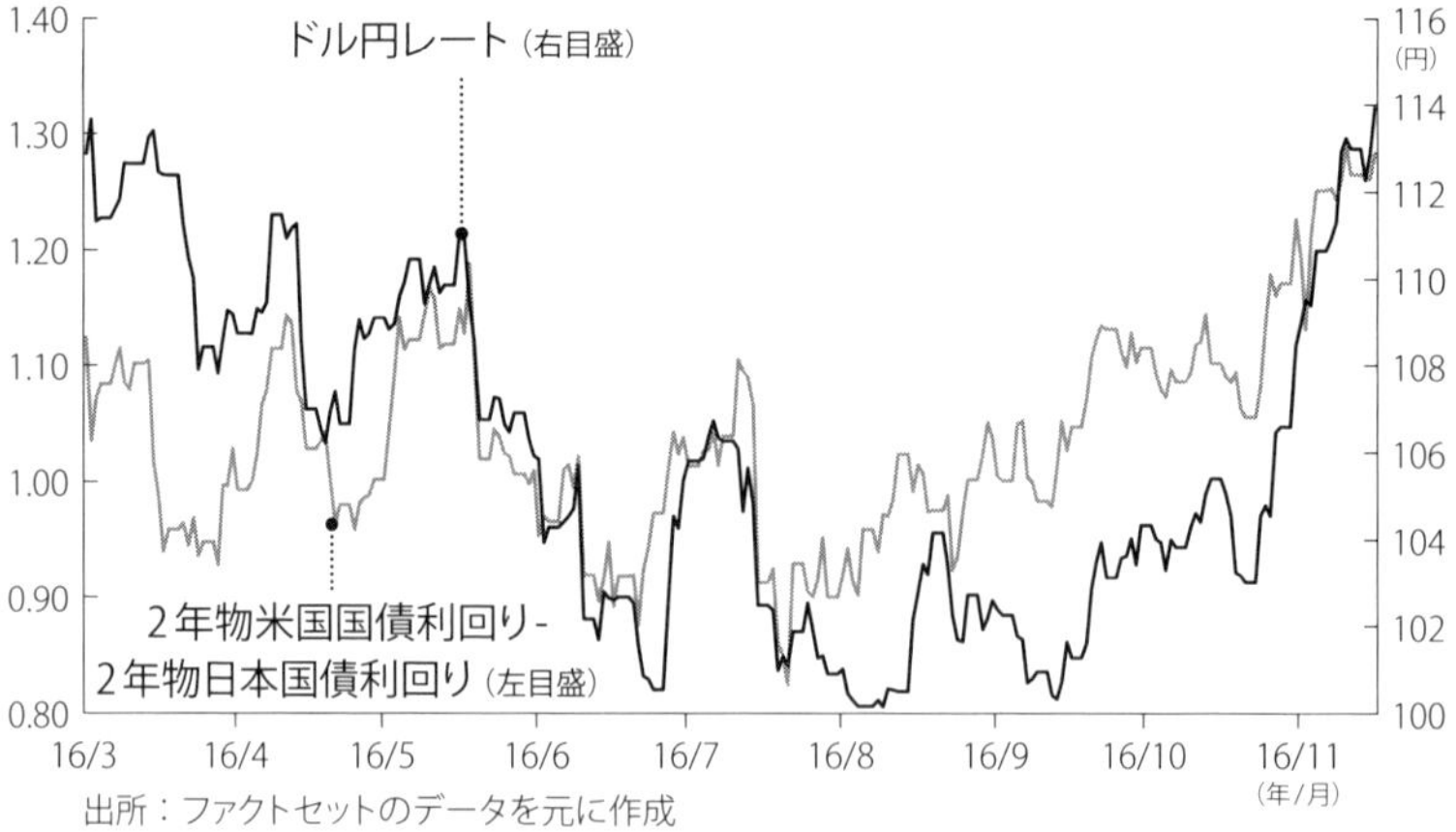


出所：ファクトセットのデータを元に作成

に、1個＝100ドルの商品を1万個輸出すると、円建ての売上は次のようになります。

120円×100ドル×1万個＝1億2000万円

では、ドル建ての販売価格、輸出数量が同じだとして、為替レートが1ドル＝100円になったとしたら、どうでしょうか。

100円×100ドル×1万個＝1億円

為替レートが1ドル＝120円から100円に円高が進むだけで、円建ての売上は1億2000万円から1億円まで減ってしまうのです。当然のことですが、これは企業業績の悪化につながり、株価を押し下げることになります。

また、為替の変動は売上だけでなく、原価や販管費などの経費項目にも影響するため、営業利益に影響が及びます。加えて、昨今は日本企業もグローバル化し、日本から輸出するだけでなく、海外拠点で事業を行なっています。現地では、現地通貨で取引し、決算期末も現地通貨を持っていたら、円建てに換算します。売上と同じように、円換算の際に円安のほうが円高よりも円建ての額が大きくなります。これを前年と比較したものが営業外の為替差損益として計上されます。実際は、現地通貨は現地で使用するために持っていますから、決算時はあくまでも換算ベースですが、投資家にとっては一株利益にも影響するため、一概には無視できません。

逆に円安は、企業業績を押し上げる効果につながります。２０１２年12月からのアベノミクスによって、為替レートは80円から１２０円まで大きく円安に振れましたが、その影響で自動車やハイテク、エレクトロニクスなど日本を代表する輸出企業の業績は、その多くが過去最高を更新し、株価も大きく上昇しました。

このように輸出比率の高い企業の場合、円安は株高に、円高は株安につながるわけですが、日本企業のなかには輸入比率の高い企業もあります。電力・ガスや食品などが、これに該当します。輸入比率の高い企業にとって、円高は輸入原材料のコストを下げる効果があるため、業績にとってプラスになり、株価を押し上げる効果をもたらします。逆に円安は輸入原材料のコストを押し上げるため、業績にとってマイナスになり、株価を下げることになります。

また、完全に国内完結型のサービスを提供しているような、内需関連銘柄の場合は、為替レートの影響を受けにくいといえます。つまり、セクターや企業の収益構造によって、為替レートの変動から受ける影響には差異があるのです（**図表４—９、図表４—10**）。

## 日経平均は輸出関連企業が多いため円安が追い風に

とはいえ、おそらく多くの人にとっては、やはり「円安＝株高」「円高＝株安」というイメージが強いと思います。これは、日経平均株価との関連性で為替と株価を見ているからです。日経平均株価は、東証１部上場銘柄のなかから２２５銘柄を選び、その株価を一定の計算式で平均化したものです。

## 図表4-9 自動車、電機、精密機器等はドル円レートと順相関

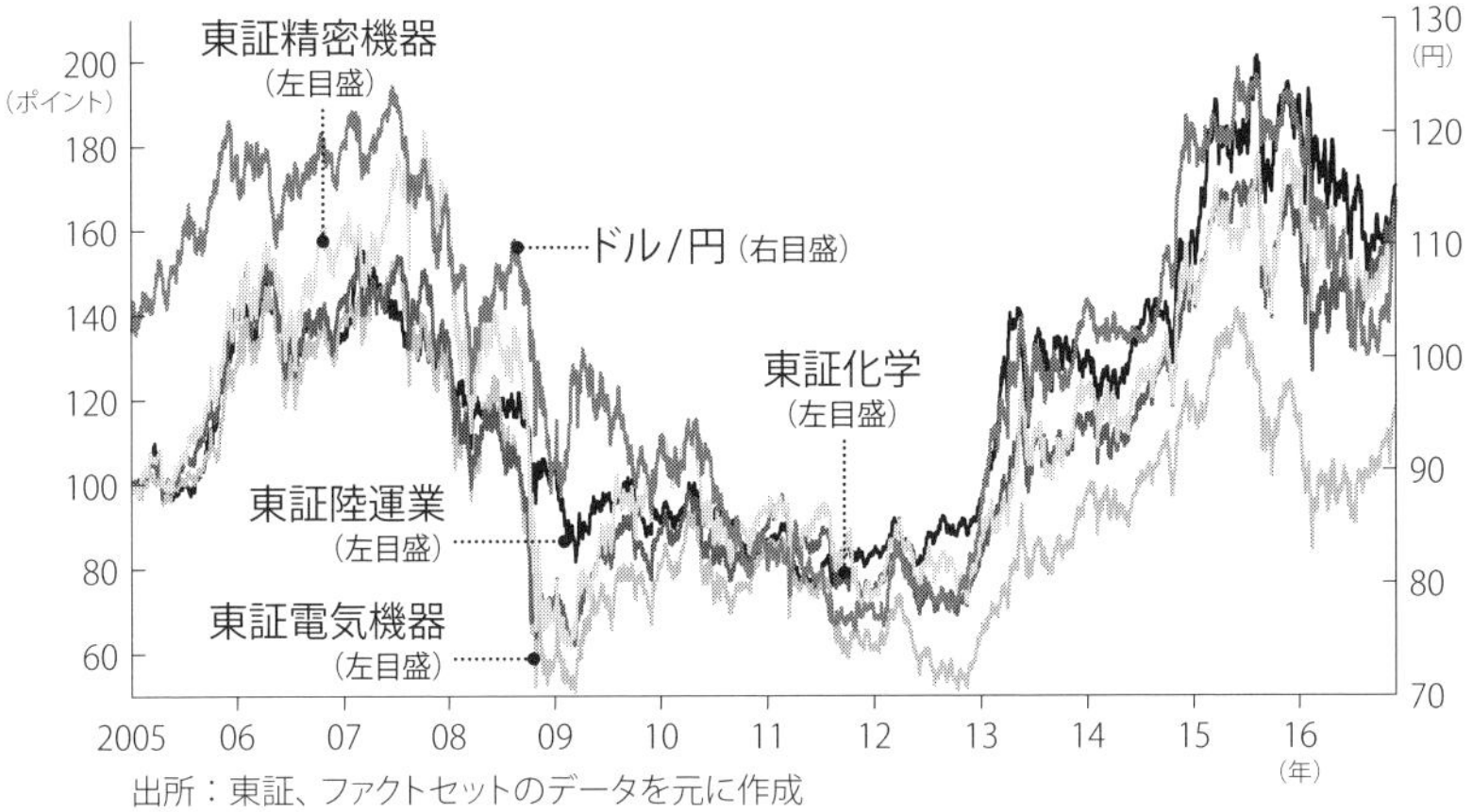


出所：東証、ファクトセットのデータを元に作成

## 図表4-10 パルプ・紙、石油・石炭製品等はドル円レートとの相関が弱い

出所：東証、ファクトセットのデータを元に作成

この構成銘柄は、自動車やハイテクなど輸出関連企業が多く含まれているため、円安が進むと日経平均株価は上昇し、円高が進むと下落する傾向が見られるのです。

なお、為替レートが企業業績に及ぼす影響を把握するに際しては、企業の「想定レート」をチェックする必要があります。多くの企業は来期の決算見通しを作成するにあたって、その時点で為替レートがいくらになっているのかを想定したうえで、見通しを立てています。たとえば、ソニーの2016年3月期決算の発表時における2017年3月期の想定レートは1ドル＝110円でしたが、上期決算の発表時に想定レートを1ドル＝101円に変更しました。

こうした予想レートと比較して、為替相場が有利な方向に為替相場が推移しているのか、不利な方向に推移しているのかによって、決算の数字が上振れあるいは下振れする可能性が考慮され、株価に織り込まれていくことになるからです。

多くの企業は、翌年の予算を今期中に決めます。たとえば、3月決算企業の場合は、翌年の予算を1―3月ごろに決めます。2017年3月期は、多くの企業の想定ドル円レートは当初110～115円程度でした。それは、2016年1―3月のドル円レートが110～115円程度で推移していたからと考えられます。しかし、4月以降ドル円レートは円高となり、100～105円程度で推移しました。その結果、第1四半期決算の発表時に、想定ドル円レートを円高に修正し、業績も修正した企業が多数ありました。上期決算の際には、さらに各社とも想定ドル円レートを100円に修正したことで、業績見通しの下方修正も増えました。しかし、現在のドル円レートはドル高円安の113円程度で推移しているため、このレベルが続けば、通期決算前に各社から上方修正の発表があるかどうかを投資家は分析していると考えられます。

# 第5章

UNDERSTANDING THE STOCK MARKET

# 「相場としての株価」が動くしくみ

LECTURE 5－1

# 期待と株価

## 過剰な期待がバブルをつくる

### 日本の株式市場の平均PERが60倍を超えたことも

「フェアバリュー（Fair Value）」という言葉を聞いたことはあるでしょうか。公正価格、妥当価格、適正価格などといわれるように、企業の業績、純資産額、収益性、外部環境などから「あるべき株価」を導き出したものをいいます。つまり、ここまでに話してきた「企業価値」ととても近いものですが、少し違うので説明します。

企業価値とフェアバリューの差をりんごにたとえると、りんご農家が毎年1個100円で売っていたのに、今年は他の農家が大豊作だったため、本来は100円（企業価値）の価値があるりんごが、80円（フェアバリュー）になるようなものです。株式の成り立ちを考えれば、経済常識的に見た一定の価格水準が目安として存在するのは事実だと思います。しかし、ここまでに解説してきたように、株価（上場されているもの）は直接的にはあくまで市場で取引された結果として形成されるもので、何らかの計算式によって算出されるものであるべき、ということにはなりません。自分が思う企業価値と異なる基準で株価がつき、売買が行なわれているという事実が、取引している投資家それぞれで、その企業に対するフェアバリューが違うということを表わしています。つまり、買っている人は、フェアバリューは買った価格以上であると考え、売っている人はフェアバリューは現在の株価だと考えていることとなります。

株価は直接的には需給、すなわち買い手と売り手の力関係によって決まります。その力関係はさまざまな情報を総合した結果としての期待感、失望感が織り込まれて形成されます。

もし、ある銘柄に対して何らかの事情で過度な期待感が高まったら、どうなるでしょうか。その銘柄には大量の買い注文が入り、株価は企業価値やフェアバリューを超えて大きく値上がりするでしょう。業績が悪かろうと、財務内容が悪かろうと、後から後から買い手が出てくれば、株価は上がり、株価が上がれば売ろうと思っている人でも、もっと持っていればさらに上がるかもと考え、売り物が減り、買い手はさらに高値で買わないとならなくなります。結果として、マーケットの値決めの構造上、株価は値上がりします。いわゆる、株価がバブル化している状態です。

個々の株式にとどまらず、日本の株式市場全体においても、過去には何度も株価がバブル化したことがありました。たとえば1980年代のバブル経済においては、日経平均株価が1989年12月末にザラ場で3万8957円の最高値をつけましたが、このときの日本株のPERは、70倍を超えていました。当時の先進国における株価のPERは大体15倍前後でしたので、いかに日本株が過度な期待感に支えられて買い進められていたかがわかります。

その後、日本株がどのような軌跡をたどったかについてはご存知のとおりです。日経平均株価は長期にわたって低迷を続け、2003年4月28日には7603円まで下落しました。その後、小泉内閣のもとで戦後最長の好景気となり、株価も2007年2月26日には1万8300円まで戻ったものの、2007年のサブプライム・ショック、2008年のリーマン・ショックを受けて、同年10月28日には6994円まで下落しました。このときの日本株のPERは、10倍（予想ベース）という水準まで下がりましたが、その後、株価反転と企業業績の下方修正によりPERは55倍に上昇しました。高いPERをつけているのは、株式市場の期待が高いときと、期待値は高くなくても利益が減ってしまったときです。ITバブルのときは期待値の高さによってついた水準で、リーマン・ショックのときは企業利益が縮小したことによってつけられた高いPERです。

## 2000年のITバブルはどういう状況だったのか

過剰な期待感によるバブル的な株価の上昇といえば、2000年4月にかけて盛り上がったIT関連銘柄の急騰劇もそうであったといえます。

まだインターネットの黎明期だった1998年10月9日の日経平均株価は1万2787円まで下落していましたが、2000年4月12日には2万833円まで上昇し、日本株はPER150倍以上のバリュエーションをつけていました。ソニーやソフトバンク、光通信、ヤフーといったインターネット関連企業の株価が急騰しました。ちなみに、日本のITバブルの象徴ともいうべきヤフーの株価は、1997年に上場したときの初値1株200万円（公募価格は1株70万円）だったものが2000年2月に

1億6790万円まで値上がりしました。

ITバブルは、日本だけに見られたものではなく、米国でもマイクロソフトやアマゾンドットコム、AOL、シスコシステムズといったIT関連企業の株価が急騰しました。このときの株価形成がいかにバブルだったのかについては、たとえば赤字続きだったアマゾンドットコムの時価総額が300億ドルを超えたり、マイクロソフトの時価総額がピーク時に6000億ドルを超えたりしたことからもおわかりいただけるでしょう。また、AOLのPERに至っては、700倍を超えました。ただし、日本と異なった点は、米株指数のPERはS&Pで30倍ほど、ナスダックでも60倍程度だったことです。

ITバブルのときは、まだ日本ではロング・ショートファンドは少なく、多くはロングオンリーファンドだったため、これらの銘柄を持っていないことで指数のリターンに対してファンドのパフォーマンスが負けてしまわないように、投資家は株を買い続けました。そして、顧客である投資家のために、証券会社のアナリストはさまざま「価値」を付加し、現在の株価が妥当であり、「フェアバリューはさらに上にある」というようなレポートを書き続けました。この価値のなかには、たとえばある企業のブランド価値を載せたうえでフェアバリューを計算するものなどもありました。明らかに行き過ぎの状況でしたが、買わずに機会損失になるよりは、買ったほうがいいというのが大半の考え方でした。調整したら、われ先に降りるという気持ちを持ちつつも、誰もが反転前に降りられなかった時代でした。

そして、ITバブルは日米でほぼ同時に崩壊。時代の寵児だったヤフーの株価は、20分の1程度まで下落しました。光通信株の場合、株価は20日連続のストップ安をつけたのち、最終的に、ピーク時につけた24万1000円から895円まで下落しました（**図表5―1**）。この下落率も異常ですが、20営業日連続ストップ安という前代未聞の記録を打ち立てました。まさにバブル崩壊です。

　そもそも、海のものとも山のものともわからなかった企業の株価が1億円をはるかに超えるあたり、いかにバブル状態だったかがわかります。こうしたバブルの寵児ともいうべき銘柄は、将来に対する過大な期待感から、株式が大きく買い上げられるのです。当然、企業価値という視点からは、まったく説明のできない水準の株価になってしまいます。

　しかし、市場の需給を支えている期待感はどこかの段階ではげ落ちます。期待感で押し上げられた株価は、期待感がはげ落ちれば、その分、大きく崩れます。

**図表5-1 典型的なバブル株価のチャート**
―― 光通信（事務機等販売）

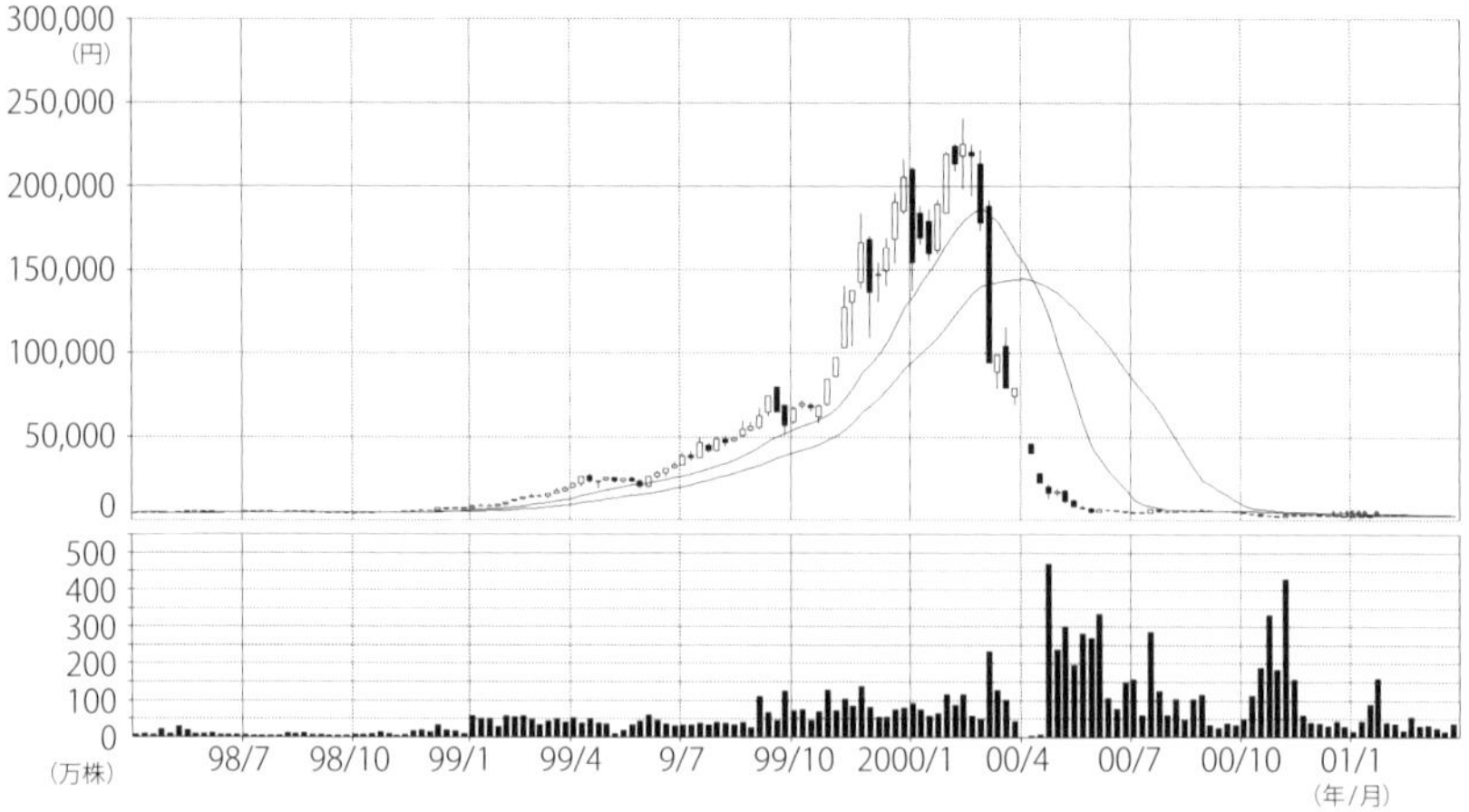

# テーマと株価

## 「合理的な理由」がテーマをつくる

### 未来を感じさせる筋道が大切

期待感は、何もないところでにわかに高まるようなことはありません。市場参加者の多くに素晴らしい未来を感じさせる、筋道の通った合理的な理由があるからこそ、そこに期待が集まるのです。これを株式市場では「テーマ」と称しています。

市場参加者のなかには、世の中で話題に上っている何かをテーマとしてとらえ、そのテーマに関連した企業の株式に投資している人たちがいます。とりわけ個人の場合、短期間のうちに大きなリターンを狙おうとしますから、その時々で旬なテーマに乗った銘柄を好む傾向があります。

過去、さまざまなテーマが株式市場で取り上げられました。

古くは１９８０年代後半のバブル相場において、「ウォーターフロント関連銘柄」が注目を集めました。ウォーターフロント関連銘柄とは、東京の湾岸地域の開発が期待されると喧伝されるなか、そこに広大な土地を持っている企業が恩恵を受けるのではないかという期待によってピックアップされたものでした。当時は日本の不動産価格が青天井で上昇していたため、東京の湾岸地域に土地を持っている企業は、その保有資産に巨額な含み益が発生していたのです。その結果、豊洲近辺に膨大な土地を持っていた石川島播磨重工（現ＩＨＩ）や東京ガス、日本鋼管（現ＪＦＥホールディングス）などが脚光を集めました。

１９９８年から２０００年にかけては、前述したように「ＩＴバブル」が盛り上がったことにより、「何かＩＴに関連しているのではないか」と連想された企業に注目が集まりました。

２００１年から２００６年は、小泉内閣のもと、日本経済は過去最長の景気拡大局面を経験します。この期間は、「構造改革」「規制緩和」「郵政民営化」という政策に関連したテーマとそこから恩恵を受けそうな企業が注目を集めました。また、同時期に、日本国内から飛び出し、「中国」というまた夢のような成長シナリオを描けるテーマが台頭しました。このときは、中国の経済成長の恩恵を受ける銘柄に買いが集まりました。

そして、いまも株式市場ではさまざまなテーマに関連した企業の株式が物色されています。ざっと思いつくものだけでも、自動運転、再生可能エネルギー、ＩｏＴ、フィンテック、バイオベンチャー、カジノ、リニアモーターカー、国土強靭化、東京オリンピック、保育・介護、ＶＲ（バーチャルリアリティー）、ＡＲ（拡張現実）など、挙げていくとキリがないほどさまざまなテーマが浮かび上がってきます。

ただ、最近の株式市場の傾向としては、かつてに比べてテーマの循環物色という色彩が濃くなっているように思われます。

たとえば１９８０年代のバブル相場におけるテーマはウォーターフロント関連、１９９８年から２

000年にかけてはIT関連というように、市場参加者のあいだでテーマが絞り込まれていたのに対し、アベノミクス相場がスタートした2012年12月以降の国内株式市場では、テーマが林立しているような印象を受けます。そして、バイオベンチャー関連銘柄が一通り買われると、次は再生可能エネルギー関連銘柄が買われるというように、たくさんあるテーマのなかで、テーマAからテーマBへ、テーマBの次はテーマCへというように、物色されるテーマを次々に乗り換えながら、そのテーマに関連した銘柄が買われている感があるのです。

確かに、テーマ銘柄は上げ足が速いのも事実です。銘柄によっては数日にわたってストップ高が連続し、気がつけば底値から3倍、5倍という株価になっているような銘柄もたくさんあります。ただ、株価が短期間のうちに急騰したような銘柄は、いったん天井を打った後の下げも厳しくなります。そして気がついたら、急騰する前の株価水準にまで戻してしまったといったケースも多いのです。テーマで銘柄を選び、フェアバリューを考えずに投資する人は、そもそもそれが非常にリスクの高い取引であることを、十分に認識しておくべきだといえます。

また、テーマの時間軸と投資の時間軸は違うということも、理解しておく必要があります。たとえばITバブルのころ、「ITは産業革命に匹敵するほどの社会的大変革であり、100年以上にわたって続くテーマなので、長期的に投資できる」ということが喧伝されていました。確かに、ITはその後もさまざまな形で私たちの生活に入り込み、いまではITの技術の恩恵なしで日常生活を送るのは困難なほどになっています。これからもITは、私たちの生活に欠くことのできないものになっていくでしょう。

その後の長期的な推移を見ると、たとえばヤフーの株式は毎年のように分割を繰り返した結果、2

016年12月時点の株価は450円前後で推移していますが、これを分割しなかったものとして株価を修正すると、かつてつけた最高値である1億6790万円を2006年に超え、現在も最高値は超えてはいないものの、ITバブル崩壊後の安値からは10倍以上値上がりしました。その意味ではIT革命は長期的に投資できるテーマとされたことは正しかったといえます。テーマという視点から株価の動きを考えるときには、市場の需給に影響する短期的な動きと、そのテーマそのものが持つ長期的な動きを冷静にとらえる必要があるといえるでしょう。

## テーマに乗った相場には3回チャンスがある

こうした時間軸を考えると、私はひとつのテーマでうまくいくと3回、利益を狙いに行けるチャンスがあると考えています。

最初は、まさにテーマだけで買われている局面です。

この局面では、話題性さえあれば十分で、実際に企業としての業績に反映されているかどうかは別問題です。あくまでもテーマの話題性だけで買われている状態です。もちろん、このような相場が長続きするはずがありません。どこかで一度、大きな調整局面を経ることになります。IT関連銘柄の隆盛とITバブルの崩壊が、これに該当するでしょう。

その次は、具体的な商品やサービスを提供し始めて、売上が計上される局面です。

そして、最後に商品やサービスの普及が進んだ結果、より多くのものに波及し、利益寄与が大きくなる段階です。

ＩＴ関連銘柄も、いまは実際に利益がきちんと出始めているため、そこで株価が正当に評価されて買われて株価が上昇している側面はあります。

この3回のサイクルを例で説明してみましょう（**図表5―2**）。

いまとなってはもう当たり前のものとなっているパソコンの液晶ディスプレイや自宅の液晶テレビは、20年ほど前は「フラットパネル化」という大きなテーマでした。シャープがＡＱＵＯＳを投入したのが２０００年ごろでしたが、この数年前から小型ディスプレイがカラー液晶に置き変わったことで、すべてのディスプレイが液晶などのフラットパネルに置き変わるといわれていました。その結果、液晶パネルを生産する企業から主要部材メーカーまで株価が上昇しました。ＡＱＵＯＳが出た当初は、13～15インチサイズでもかなり

**図表5-2 ● 液晶パネルブームに乗った相場には3回上昇期があった**
―― TOPIXと液晶関連銘柄の時価総額の推移

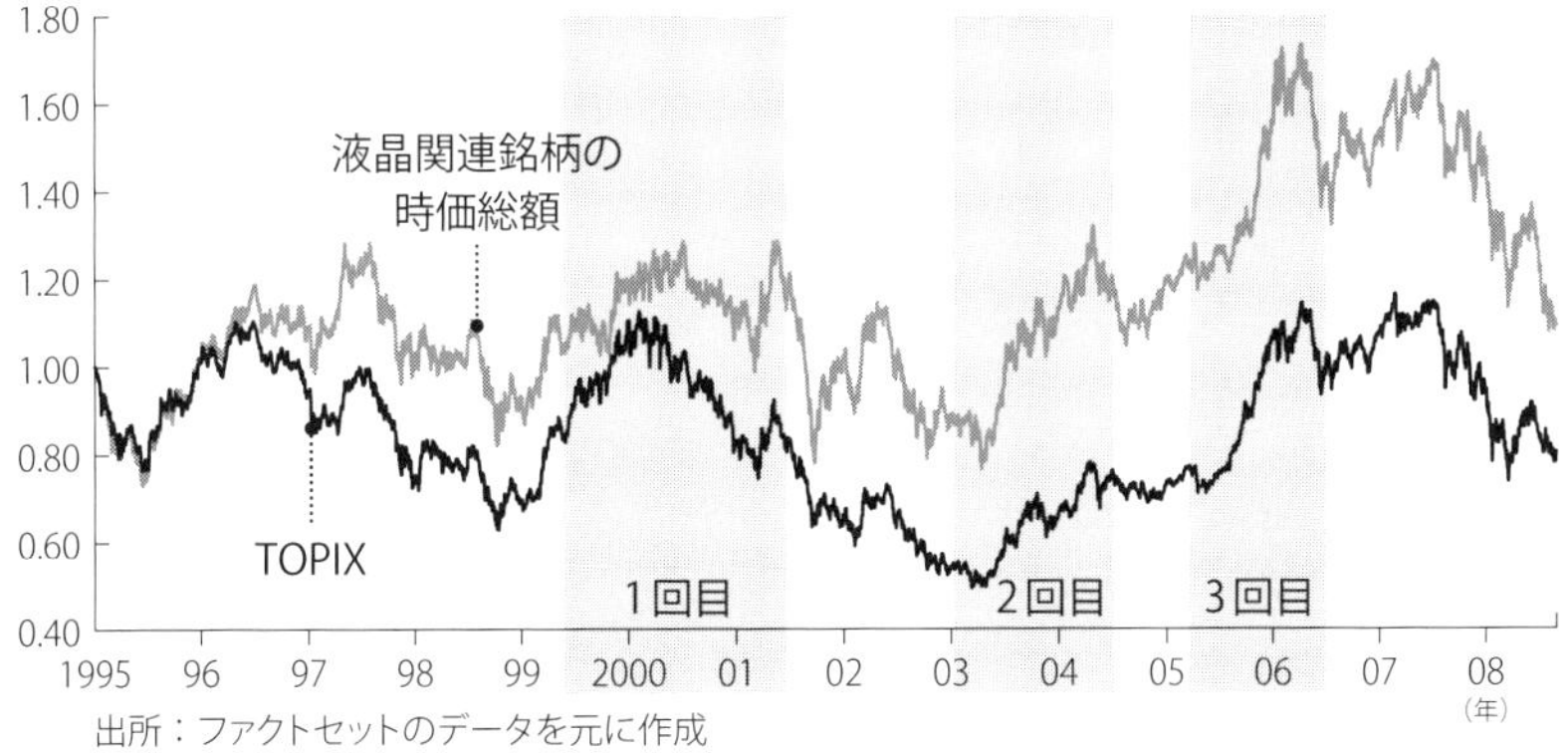


出所：ファクトセットのデータを元に作成
※液晶関連銘柄（日産化学工業、JSR、日本ゼオン、富士フイルムホールディングス、旭硝子、日本板硝子、日本電気硝子、シャープ、日東電工、凸版印刷、大日本印刷）

高価で、一気に普及が広がったわけではありませんでした。当時は、価格が1インチ1万円以下（つまり、13インチなら13万円以下）にならないとブラウン管から置き換えは進まないだろうといわれていました。液晶パネルメーカーは各社効率の良い大型パネルの製造工場を建設し、２０００年代半ばごろになると、パソコンのモニターはほぼすべて液晶パネルに置き換わり、普及価格帯まで下がってきました。ブラウン管から液晶にパソコンのモニターやテレビ画面が置き変わり、液晶の普及は進みました。そして、数量が増えることで、部材を提供している企業の業績は拡大し、株価も上昇しました。

その後、液晶への置き換わりがほぼ完了したことで、株価は勢いを失いましたが、このように、単一のテーマでも、それが本物ならば、3回利益を得るチャンスがあるのです。

とはいえ、市場で喧伝される多くのテーマのすべてが、このように長い時間を経て実際に世の中を変えていくようなホンモノであることはありません。一時的にはやし立てられたものの、途中で消えていくテーマも多くあります。たとえば、地球環境問題に絡めて、水資源が株式市場のテーマとして注目を集めたことがありましたし、シェールガス・オイルも、原油価格が高いときには大いに注目されました。しかし、これらのテーマがいま話題に上ることはほとんどありません。今後、世の中の情勢が変われば、どこかの段階で再注目されることがあるかもしれませんが、それがなければ、いずれ市場関係者のあいだでは忘れ去られていきます。テーマの多くはそのくらいはかないものなのです。

もちろん、私も結果的にテーマに乗った銘柄を組み入れることはありますが、それはテーマに飛びついたわけではなく、その企業そのものが持つファンダメンタルズをきちんと分析し、株価のフェアバリューを計算したうえで、投資する価値があるかどうかを吟味した結果です。

LECTURE 5 – 3

# バブル的な株価の生成への対応策は？

## 「バリュエーションを無視した価格形成」に注意

### システムトレードが短期バブルを加速させている!?

マーケットというものは、株式に限らず、どれも常に上昇、下落を繰り返すものなので、気にしなければ良いのですが、昨今の傾向として、システム的なトレードによって、値動きが増幅された感はあります。つまり、純粋に人間の判断でトレードしているのではなく、モメンタムや需給、あるいは出来高などの前提条件によって、システマチックに多額の資金が投入されたり、逆に撤収されたりする傾向が顕著になり、それがマーケットのかく乱要因になっている気がするのです。

とはいえ、市場は生き物なので、われわれは常時その市場に合わせて運用をしなければなりません。株式市場の株価の動きが以前と異なる上昇、下落トレンドを辿るとしても、それをイレギュラーとして無視するのではなく、新たな流れとして受け入れ、自らの運用スタイルを微調整する必要もあります。

では、バブルとは何なのかという根本を詰めて考えていくと、やはり、「バリュエーションを無視した価格形成」という点に尽きるのではないかと思います。

たとえば、全体相場が強いので株式のポジションを高めようと考えて、投資候補銘柄のバリュエーションを調べていくと、どの銘柄も割高感が強く、投資先を探すのに苦労することが結構あります。そして、こういうときほど、しばらく後に大きく調整するケースが多くあります。だとすれば、バリュエーションから見て割高感が急速に高まったときがまさにバブルに近い状態であり、その後の大幅な調整がバブルの崩壊というイメージでしょうか。それは、日経平均株価や東証株価指数（TOPIX）といった、全体相場を示すインデックスの急騰と急落だけでなく、個別銘柄の株価でも日常的に起こっていることなのです。

## 相場参加者としてはバブルをうまく利用する必要がある

運用する立場として、こうしたバブルに直面したときに、どういう投資行動をとるかは、対応が分かれるところです。「バブルだから」といってまったく乗らずにいれば、指数や他のファンドとの運用競争で負けることになります。かといって、自分のお金を運用しているわけではありませんから、バブルとわかっていながら一部の投資家のように積極的にバブルに乗るわけにもいきません。機関投資家は運用している資金が大きいため、バブルに乗って買ったのはいいけれども、いざ撤退しようとしたときに、買い板が非常に薄くて売るに売れないという事態に追い込まれるリスクも考慮し、銘柄選択する必要があります。私の場合は短期バブルに積極的に乗るようなことはしません。あくまでもバリュエーションを重視して、どの銘柄も過去からの時系列で見て割高感がないか、同業種との横比較などから買うべきかどうかで企業を選別しています。

逆に、株式市場に悲観的な見方があふれているような場合には、むしろ買い場を探っています。

たとえば小泉内閣がスタートしたばかりの2002年から2003年まで、日本の株式市場は低迷を続けて悲観一色の状況にありました。2003年5月に、りそな銀行への公的資金注入が決まるまで、日本全体を金融不安が色濃く覆っていたからです。

それが一転、りそな銀行への公的資金注入が決まると、すぐに株価は反応し、結果としてみれば長期の上昇トレンドにつながる反転を見せ始めました。このとき、銀行など金融機関をカバーしているアナリストたちからは、「これで銀行セクターも改善に向かっていくだろう」という見通しが数多く聞かれる状況でした。それを受けて、投資家は徐々に株式投資を増やしていったのです。確かに、タイミングを計るのは非常にむずかしいことではあるのですが、バリュエーションをしっかり見ておけば、「これ以上、株価が大きく下げることはないだろう」と判断することはできます。一方で「株価のアップサイドはどのくらいだろうか」というおおよその水準を把握することができれば、投資のアップサイド、ダウンサイドの確率から、いま投資すべきか否かを判断しやすくなります。

LECTURE 5－4

# 相場には流行がある

## そのときどきで上昇する「銘柄群」のスタイルが変わる

### サイズ別、スタイル別の指数をチェックすることが大切

よくテレビなどで、「今日は小型株主導の相場となりました」とか「今日は値ごろ株に買いが入りました」などといわれるのを聞いたことがあると思いますが、相場にもファッションの流行のように、ある時期は小型株が上昇したり、グロース株が上昇したり、ＰＢＲが安い銘柄ばかりが上昇したり、別の時期はＲＯＥが高い銘柄ばかりが上昇したりといったトレンドがあります。このトレンドにいち早く気づくためには、サイズ別、スタイル別指数をこまめにチェックしましょう。

**図表5－3**のチャートは、２００７年から２０１６年（12月8日まで）の各指数のリターンを出したものです。

このチャートを見ると、たとえばドル円レートが円安になっている年（２０１２、２０１３年）の日本株指数は上昇し、円高になった年（２００７、２００８、２０１１年）は下落していることがわかります。

### 図表5-3 ◎ サイズ等による上昇率の差は明確にある
―― INDEXごとの年ごとのリターン

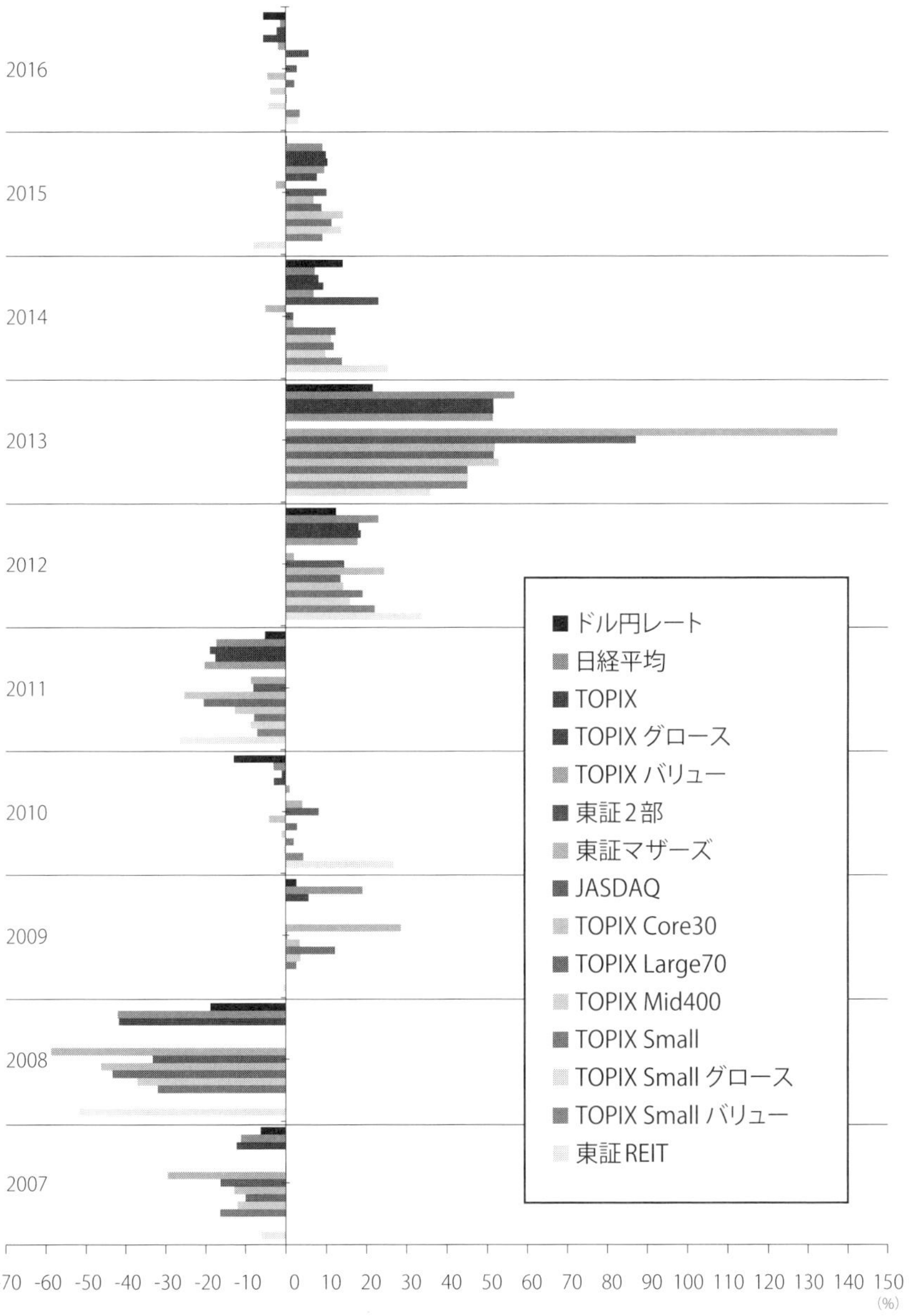


出所：東証

また、2007、2008年はまさにリーマン・ショックの年とその前年ですが、相場変調の兆候が表われていたときは、全体的にマイナスリターンとなっており、なかでもマザーズ指数は大きく下落しました。

しかし、安倍政権が誕生した2012年から円安になり、指数はプラスリターンになっています。そして、2013年は大幅上昇していますが、なかでもマザーズ指数やJASDAQは大きく上昇していることがわかると思います。この時期はアベノミクスにより日本株が大きく上昇し、そのなかでもとくに小型株の上昇が著しかったのです。

図からは、マザーズ指数は「日経平均株価やTOPIXが下落するときにより大きく下落」し、「日経平均株価やTOPIXが上昇するときにより大きく上昇」するときもあれば、「逆に下落」しているときもあるため、他の指数と異なりかなり独自な動きをしていることもわかります。そのため、マザース指数先物によって、小型株やマザーズ銘柄をヘッジすることが可能となり、大変役立っています。なお、マザーズの指数の銘柄は、新規上場銘柄も多数含まれており、それら銘柄は事業の拡大とともに上場市場を東証2部、東証1部へと移動していきますので、マザース指数に関しては日経225ほど過去との比較ができないものと考えられることに注意が必要です。

ところで、ここ数年はREIT（不動産投資信託）の存在も大きくなり、株式指数のリターンよりも配当利回りの高いREIT指数が、地銀はじめ金融機関や個人からの人気を集めて上昇していました。それが顕著に表れているのが2010年、2012年、2014年です。

# ETFが相場をつくる!?

## 断トツに取引量が多いダブルインバース型ETF

### ETFは200種類以上、上場されている

最近の株式相場を見るうえで、無視できない存在になりつつあるのがETFです。

ETFとはExchange Traded Fundsのことで、証券取引所に上場されているインデックスタイプの投資信託です。インデックスとは、日経平均株価やTOPIXのように、市場全体の値動きの方向性を示すものです。

ETFは2016年12月現在、東京証券取引所に205銘柄上場されています。次ページ**図表5―4**からもわかるように、ETFの数の増加もそうですが、売買代金も大きくなっており、ETFが市場の流動性を高めていることは確かです。また連動目標としているインデックスも多様で、前述した日経平均株価やTOPIXのような日本を代表するインデックスだけでなく、海外のインデックス、さらには金などのコモディティに連動するものもあります。実に幅広い種類のETFが上場されているわ

けですが、株式相場に影響を及ぼすものとして近年注目されているのが、インバース型と呼ばれるＥＴＦです。インバース（Inverse）とは「逆の、反対の」という意味です。

たとえば日経平均株価に対するインバース型のＥＴＦは、同指数が20％下落したら、逆に市場での取引価格が20％上がるようにつくられています。反対に、日経平均株価が20％上昇すれば、インバース型ＥＴＦの取引価格は20％下落するはずです。そのしくみに目をつけた投資家が、目先で株価が下落しそうなときにインバース型ＥＴＦを購入するケースが増えました。

ちなみにダブルインバース型とは、通常のインバース型にレバレッジをきかせたもので、たとえば日経平均株価が20％下落すると、ダブルインバース型ＥＴＦの取引価格は、その下落率の倍、つまり40％上昇するようにつくられています。レバレッジ商品のため、少な

**図表5-4 ● 2013年から急増している**
**――ETFの売買代金**

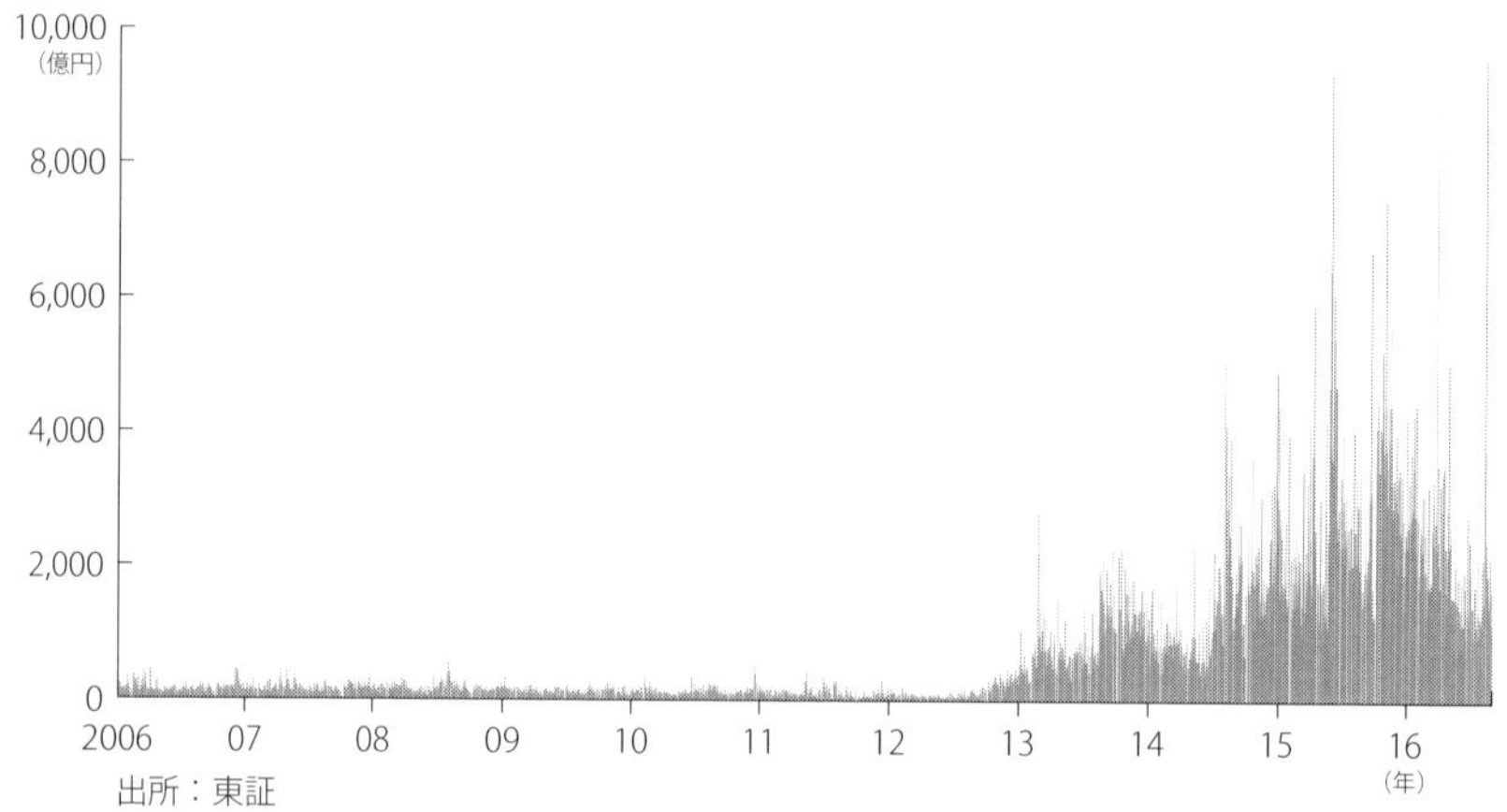


出所：東証

い資金でより大きい資金を投資しているのと同じ効果があるということになります。このような、極めてハイリスク・ハイリターンなしくみを持つダブルインバース型ＥＴＦですが、短期のトレーディング益を狙う個人投資家にはウケが良く、東京証券取引所に上場されているＥＴＦのなかでは他を圧してダントツに取引高が多くなっています。

ＥＴＦが株式相場に及ぼす影響を考えたときにいちばん問題になるのが、このダブルインバース型ＥＴＦなのです。

## ダブルインバース型ＥＴＦのしくみ

ＥＴＦは対象指数の価格に連動するようにつくられています。たとえば、日経平均株価と連動するＥＴＦは対象指数と連動する現物株のバスケットに投資しています。これがレバレッジやインバース型になると、投資対象が先物に変わります。そして対象指数の価格が動けば、対象指数との連動を維持するために投資資産の調整が行なわれます。ダブルインバース型ＥＴＦの取引価格は、対象指数の前日の終値に対して、逆方向に2倍の連動率を維持するしくみになっています。ここではＥＴＦの対象指数が日経平均株価だとして説明します。

日経平均ダブルインバースＥＴＦは日経平均株価との連動率を維持するため、ＥＴＦの運用会社は日経平均先物を、ファンドの純資産に対して倍額を売り建てています。たとえばＥＴＦの純資産総額が４００億円なら、８００億円分相当の日経平均先物を売り建てるのです。先物は現物株とは違って、証拠金を預けることによってその証拠金の何倍もの金額の先物を買ったり売ったりすることができるため、このようなことが可能になります。

たとえばある日のＥＴＦの純資産総額が４００億円の場合、ダブルインバースＥＴＦが売り建てている先物の総額は８００億円分となります。翌営業日に先物価格が上昇し（先物と日経平均の上昇率が同じと想定）、８００億円分の先物の売り建て総額が８５０億円になります。先物の売り建て総額が50億円増えたということは、先物で50億円の損失となり、ＥＴＦの純資産は50億円分減ったことになります。この場合、ＥＴＦの純資産総額の４００億円が３５０億円になったため、先物売り建て総額は2倍の７００億円にならないといけません。しかし、先物の売り建て総額が８５０億円になってしまったため、当日中に１５０億円分の先物を買戻しする必要があります。その逆に、先物価格が下落して８００億円分の売り建て総額が７５０億円になったとします。先物価格が下落したことにより、50億円分の利益を上げたことになり、ＥＴＦの純資産総額は50億円分増えたことになります。そのため、４００億円の純資産額が４５０億円となり、その分の2倍の金額の９００億円相当の先物売り建てをする必要があり、７５０億円の売り建て総額に１５０億円分の追加先物売り建てをする必要があります。

このオペレーションが株式相場に及ぼす影響が問題になっています。大引け間際に当日の損益分を、先物のポジションで調整する結果、相場が上がっても下がっても、大引け間際にかけてダブルインバース型ＥＴＦの先物売り・買いが出てきて、マーケット全体に影響を及ぼすのです。

次の問題が、連動性が機能しなくなっていることです。先ほどはわかりやすくするために金額で説明しましたが、実際のＥＴＦは対象指数の前日に対してのリターン（％）とＥＴＦのリターン（％）を連動させるように設計されているため、投資期間が長くなるほど対象指数との連動性が逓減するという特性があります（レバレッジ型とインバース型に対して共通）。

「連動性が逓減する」とはどういうことか、インバース型ＥＴＦの例で説明します。まず、１日目に１万５０００円の日経平均株価が10％上昇して１万６５００円になった場合、４００億円の純資産の日経平均インバースＥＴＦは10％減少して３６０億円になります。２日目に１万６５００円の日経平均株価が再び10％上昇して１万８１５０円となった場合、３６０億円の純資産が10％減少し３２４億円になります。ここで２日間をトータルしてみると、１万５０００円の日経平均株価が１万８１５０円になったということは21％上昇していますから、ＥＴＦの純資産も21％減少すると思いきや、４００億円から３２４億円に減ったということはマイナス19％にとどまっています。対象指数が下落した場合も同様です。そして、レバレッジＥＴＦでも同じように差が生じていきます。トータルで日経平均株価が21％上昇したら、ダブルインバースＥＴＦは42％下落するはずですが、純資産４００億円が２５６億円となり、36％の減少にとどまっています。これはＥＴＦに投資する人は知っている事実ですが、複利の考え方と似ています。

このように連動性が逓減するのは想定できるのですが、現実には、私の会社の助言先にもお伝えしてきたことですが、２０１６年に入ってから日経平均株価やＴＯＰＩＸと連動または逆相関（レバレッジも含む）することを目的としたＥＴＦがまったくといっていいほど機能しなくなっています。たとえば、２０１６年の年初来の日経平均株価はマイナス４％（２０１６年11月末）ですので、インバース型ＥＴＦはプラス４％、レバレッジ・インバース型はプラス８％になるはずで、複利を考慮しても数％しかズレないはずが、実際はそれぞれマイナス７％とマイナス19％と、本来あるべき姿と大きくかい離しています。まったくヘッジとしての機能を果たしていませんから、注意が必要です。

LECTURE 5－6

# アノマリーと株価

## 経験則として知っておくことは大切

### 統計的に見ると勝率は必ずしも高くないが……

アノマリーというのは、「なぜそうなるのかの根拠を示すのはむずかしいものの、市場が前から決まっている法則であるかのように、そのように動く」ことをいいます。迷信のようなものといってもいいかもしれません。

たとえば、最近よくいわれているものとしては「Sell in May」、つまり「5月は売り」という言葉があります。このアノマリーは英語でいわれていることからもわかるように、日本古来のアノマリーではなく、欧米の株式市場でいわれていることなのです。欧米の株式市場で「Sell in May」のアノマリーが信じられているのは、この時期にヘッジファンドの決算が集中するとか、欧米では6月から10月まで長期の夏季休暇を取るマーケット関係者が多いため、市場参加者が減って取引が薄くなるなど、さまざまな理由づけがなされています。ちなみに、Sell in Mayをもっと詳しくいうと、「Sell in May and go away,don't come back until St Leger day」が正式な英語での言い方となっています。つまり「5月に売り、相場から離れろ。そして、セント・レジャー・デーまで戻ってくるな」となります。セント・レジャー・デーとは、9月の第二土曜日ですから、5月から8月末までは、相場が荒れる恐れがあることを暗に示唆しています。

　では、日本市場でそのアノマリーは通用するのでしょうか。5月から8月末までの実際のデータを見てみましょう（**図表5―4**）。

　アノマリーに沿って売買すれば、その勝率は7割程度です。

　日本の上場企業の大半は3月決算期末で、5月に本決算の発表と同時に次期の会社予想を発表します。楽観的な業績予想をして、後に下方修正をした企業の株式は売られますので、多くの企業は保守的な業績予想を出すようになりました。日本株が5月にピークを打

**図表5-4　5月から8月末までの日本市場の騰落率**

| | | |
|---|---|---|
| 2007年 | ▲5.6% | 8月にパリバ・ショックおよび米サブプライムローン問題浮上 |
| 2008年 | ▲8.9% | リーマン・ショックの前兆 |
| | | コモディティ価格のピークアウト。6月から小型株が大暴落。8月アーバンコーポレーション経営破たん |
| 2009年 | 7.2% | |
| 2010年 | ▲15.9% | ユーロ危機。フラッシュ・クラッシュ、ダウ平均が数分間で取引時間中最大の下げ幅を記録 |
| 2011年 | ▲11.0% | 8月に海外株式市場大暴落。米景気懸念、欧州債務問題深刻化 |
| 2012年 | ▲7.7% | 円高進行、ギリシャ総選挙で反緊縮財政派勝利 |
| 2013年 | ▲4.1% | 5月にバーナンキ発言により株価急落 |
| 2014年 | 8.1% | |
| 2015年 | ▲2.4% | 人民元切り下げにより、中国リスク浮上 |
| 2016年 | 2.3% | |

つ傾向があるひとつの理由としては、これが挙げられます。保守的な予想を受けて、株価が天井をつけるのです。

今回は過去10年の数字を載せましたが、1990年からのTOPIXの5月から8月末までの騰落率で見ると、27年間で勝率は4割程度です。ここから推測できるのは、昔と比べて最近のほうがこのアノマリーが信じられるようになっている傾向にあるということだと思います。この背景としては、先ほど書いたように保守的になった企業業績予想や、日本株を売買している投資家の6割が海外投資家であり、アノマリーをより強く信じていることに加えて、8月は長期夏季休暇を取るため、その前にポジションをクローズするなど、市場の流動性が低下することや、システムトレードなどの影響により極端な株価形成をしてしまうことなどが挙げられると考えています。

ちなみに、海外投資家の売買比率はいまとなっては6割以上ですが、90年ごろは1割程度でした。当時は、いまよりも投資家層が比較的平等に分散していたことが、このアノマリーの影響が小さかった要因と考えられます。

なお、先ほど記載した10年間の5~8月のあいだに、なぜか株式相場を下げるようなイベントがさまざまあり、それらの事件は季節とは関係ないのも事実です。

このようにデータは示していますが、これはあくまでもTOPIXなど市場全体の結果です。個人的には、この時期は、急落した優良株を安値で買える良い機会としてとらえています。

## ファンドの決算期との関係もある

こうしたアノマリーはほかにもありますので、いくつか紹介しておきましょう。

**①節分天井彼岸底**：節分（2月）に天井をつけ、彼岸（3月中旬〜下旬）に底を打つこと

**②1月効果**：1月の相場が上昇すれば、その年の1年間の相場も上昇トレンドになる。逆に1月の相場が下げて終わると、その1年間の相場も下落トレンドになること

**③辰巳天井、午尻下がり**：干支で相場を見ると、このような経験則があること

**④二日新甫は相場が荒れる**：その月の最初の取引日が2日だと、相場が荒れるというもので、実際にはあまりその傾向は見られないが、かなり有名

**⑤10月は株価が急落する**：とくに米国の株式市場ではこの傾向が強いといわれ、具体的には次のような暴落が、過去においてあった

「世界大恐慌（暗黒の木曜日）」……1929年10月
「第一次オイルショック」………1973年10月
「ブラックマンデー」…………1987年10月
「LTCM破たん」……………1998年10月
「リーマン・ショック後」………2008年10月

欧米のファンドの多くは決算期が11月や12月のため、秋にポジションを閉じて確定をすることも影響していると考えられる。また、この伝でいうと9月も要注意とされ、9月に株価が大暴落したものとしては次のものがあった

「プラザ合意」……………………1985年9月
「ポンド危機」……………………1992年9月
「米国同時多発テロ」……………2001年9月
「リーマン・ショック」…………2008年9月

**⑥月曜日の株安**：休日に悪材料が出て、月曜日に株式市場が開くのと同時に株式が売られること

**⑦4月の株高**：新年度相場などといわれ、4月は1年のうち最も株価が高値をつけやすいと考えられている。機関投資家などが新年度に入り、新たに運用資金を株式に配分するためとされている

**⑧夏枯れ相場**：7月、8月は相場も動きにくくなること。ちょうどこの時期、日本企業の多くは夏季休暇に入るため、市場参加者が減って閑散相場になる恐れもある

こうしたアノマリーはあくまでも過去の経験則であり、必ずそうなるという保証はありません。したがって、アノマリーでいわれていることを直接の理由として売買を行なうような真似はないほうがいいでしょう。しかし、市場にこうした傾向があることを知っておくのは、株式の投資判断を下す際の参考程度にはなります。

第6章

UNDERSTANDING THE STOCK MARKET

# 株価を動かしている人たちの内幕

LECTURE 6－1

# 株式市場に参加しているのは誰か

## みんなのお金が株式市場を循環している

### 生命保険、年金、預金も一部は株式市場で運用

「株式市場は自分とは無縁の場所」と思っている人は少なくないでしょう。ましてや、株式投資の経験をまったく持っていない人なら、なおのことだと思います。

しかし、実は誰にとっても株式市場は非常に身近な場所なのです。

株式投資はしたことがなくても、生命保険に加入しているという人は多いでしょう。日本は保険大国ですから、多くの人が生命保険に加入しています。

生命保険というのは、加入者から集めた保険料をプールして将来の保険金支払いに備えます。とはいえ、加入して間もない加入者に保険金の支払い事由が生じた場合、その加入者が払い込んだ保険料よりも高額な保険金を支払うことになります。

もちろん、それはより多くの加入者から保険料を徴収しているので可能になるわけですが、仮に加

入者全員に保険料の払い込みが始まってすぐ保険金の支払い事由が生じてしまったら、加入者から集めた保険料だけで保険金を賄うのは不可能です。確率的に見てそのような事態が生じることは絶対といってもいいほどあり得ませんが、理屈でいえばそうなります。

そのため、保険会社は加入者から集めた保険料を運用に回しています。運用先はさまざまで、銀行と同じような貸付業務はもちろんのこと、不動産投資や国内株式市場での運用、あるいは外国債券投資、日本国債の購入など、多岐にわたる資産クラスに分散した運用を行なっています。

また、みなさんが加入している年金も、株式市場と深く関係しています。

企業に所属して働いている人なら基礎年金である国民年金＋厚生年金、自営業者なら国民年金に加入していると思います。そして毎月、給料のなかから年金保険料を支払っているわけですが、これも生命保険と同様、さまざまな形で運用に回されています。ちなみに日本の国民から集められた年金保険料は、年金積立金管理運用独立行政法人（GPIF）が運用しています。

ところで、みなさんは銀行に預金口座を開設していますよね。銀行は、私たちにとって最も身近な金融機関であり、子供のころから親にいわれ、お年玉をそっくりそのまま預金させられた経験を持っている方も少なくないと思います。

その銀行も、みなさんから預かった預金を、企業向け融資や個人の住宅ローン貸付、あるいは国債などの債券、J－REITという不動産投資信託、株式、外国債券、といった資産クラスでポートフォリオを組んだうえで運用しています。これらの投資対象で運用した結果、その運用益が預金利息の源泉になるのです。

おそらく、年金や生命保険に加入しているだけ、あるいは銀行預金をしているだけだと、自分の資

図表6-1 多くの金融機関が直接・間接に株式相場と関係している
―― 東証一部 投資部門別買付シェア

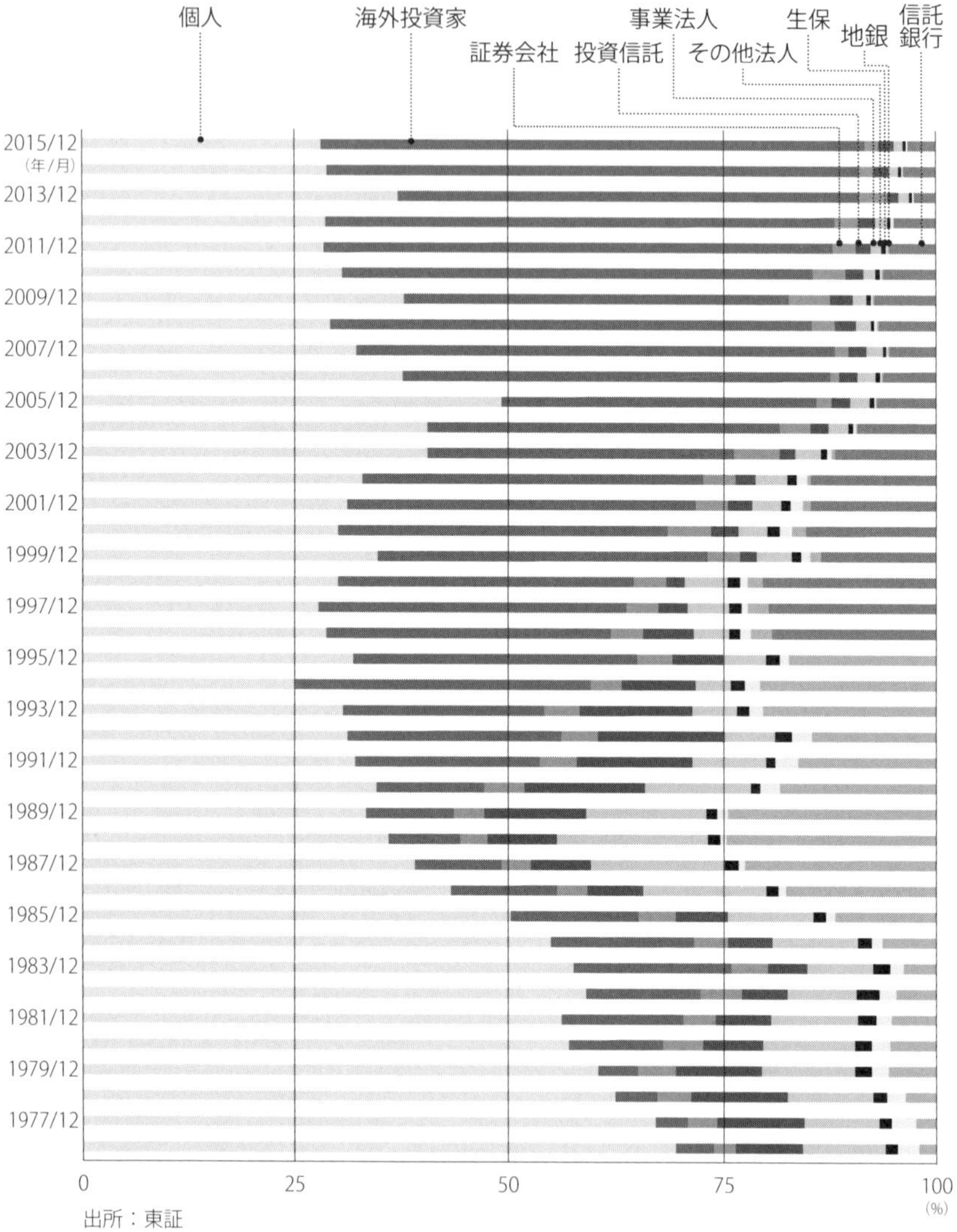


出所：東証

産価値が、まさか株式市場の動向に影響を受けているとは思わないでしょう。

しかし、年金や生命保険、あるいは銀行預金がこのようにして株式市場につながっている以上、年金や生命保険の加入者、預金者が株式市場の動向にまったく影響を受けないことはあり得ません。仮に株価が下落すれば、年金の支払い原資は目減りしますし、生命保険の運用利回りが低下すれば、いずれ加入者の保険料負担が重くなります。預金の利率にも低下圧力がかかるでしょう。

ただ、現実には影響があるのですが、年金や生命保険の加入者、あるいは預金者には、株価下落による影響がダイレクトに及ばないようなしくみで運営されているだけの話です。

要するに、「株式投資はしていないから、株価が下落しても関係ない」では済まないのが、現在の経済社会なのです。なぜなら、私たちは年金や生命保険、預金の最終受益者として、直接、間接を問わず、株式市場に参加しているからです（**図表6―1**）。

本章では、株式市場に参加しているプレイヤーについて取り上げていきますが、頭の片隅に「自分も株式市場への参加者の一人である」という認識を持つようにすると、自分のお金がどのように世の中に循環しているのかがわかると思います。

LECTURE 6－2

# 個人投資家

## 新興企業を中心に短期のリターンを狙う

### 新興市場では6割以上の売買シェアを占める

まず、個人投資家は現在、どのくらいいるのでしょうか。

２０１６年６月に、日本取引所グループが公表した「２０１５年度株式分布状況調査」の調査結果によると、個人株主数は前年度比３６２万人増加の４９４４万人となりました。ちなみにこの数字は延べ人数ですので、仮に１人の個人投資家が平均で３銘柄保有していたとしたら、実際の個人投資家数は先ほどの数字の３分の１の１６４８万人ということになります（残念ながら、上場企業間の個人投資家の名寄せができないため、この調査では延べ人数での公表となりました）。

では、その個人投資家が株式市場でどのくらいのシェアを持つのかということですが、同じ調査で個人投資家の株式保有比率が公表されています。それによると、全体の17・5％（90兆7703億円）が個人投資家によって保有されています。

また、売買高に占める個人投資家の比率ですが、「投資部門別売買状況」の11月第5週の数字を見ると、株数ベースでは次のようになります。

東証1部市場……………25・5%
東証2部市場……………74・9%
東証マザーズ市場………70・5%
東証JASDAQ市場……75・7%

これを見れば、個人投資家の主戦場がどこなのかが一目瞭然です。東証1部上場銘柄のような、いわゆる大型株ではなく、東証2部市場や東証マザーズ市場、あるいは東証JASDAQ市場のような、中小型株を中心とする新興企業の株式に投資する傾向が強く見られます。この数字は2016年11月第5週時点のものですが、実は1年を通じてならしても、この傾向はほとんど変わりません。個人投資家は新興企業への投資に傾斜しています。

また近年の傾向ですが、機関投資家の存在がやや薄らいでいるように思われます。機関投資家とは、生命保険会社や年金、投資信託のように、企業として投資を行なっている主体を指していますが、最近の株式市場が「テーマ」で大きく動く傾向があることからも、機関投資家の存在がやや薄らいでいると推察することができます。

LECTURE 6－3

# 生命保険会社

## 物言わぬ大株主だったが……

### 投資先への経営監視という面で再び注目を集める

先ほども触れたように、生命保険会社は、保険加入者から集めた保険料の一部を、株式市場で運用しています。実際、生命保険会社は何にどの程度の投資を行なっているのでしょうか。「生命保険事業概況」の2015年度の数字を見ると、2016年3月末時点における有価証券明細表が記載されています。それによると、生命保険会社41社の合計額は次のようになりました。

国債…………148兆5685億円（49・4％）
地方債………13兆5179億円（4・5％）
社債…………25兆2635億円（8・4％）
株式…………19兆8130億円（6・6％）

外国証券……78兆6532億円（26・2％）
その他………14兆6074億円（4・9％）

以上は、あくまでも有価証券の保有金額を合計したものです。生命保険会社が保有している資産は、これ以外に貸付金が36兆8103億円あります。またコールローンや金銭信託も含めて多額の資金を運用しており、その運用利回りは2015年度で1・92％です。

生命保険会社の運用スタンスは、デイトレーダーも多い個人投資家とは真逆で、長期保有を前提にした運用がメインです。

生命保険会社が株式に投資している最大の理由は、インフレリスクヘッジです。生命保険は、加入者とのあいだで長期の保険契約を結びますから、その間にインフレが進行し、保険金の現金価値が目減りしてしまうリスクも考えられます。

たとえば、アベノミクスが公約していた「2015年以降、年間の消費者物価指数上昇率2％」がもし現実化していたら、20年で消費者物価指数は42％超も上昇することになります。集めた保険料を一切運用せず、キャッシュのまま保有していたら、現金価値は42％超も目減りしてしまうのです。それでは保険会社としての機能を果たすことができません。生命保険会社は、こうした将来のインフレリスクをヘッジするためにも、株式市場などを通じて資産運用を行なっているのです。

このように、生命保険会社は極めて長期的なスタンスで運用しているのですが、いま保険会社が株式市場において果たす新たな役割が注目されています。それは、これまで株式の発行企業の経営について、一切口を挟んでこなかった生命保険会社が、これからは口を挟んでくるケースが増えるのではないかということです。つまり「スチュワードシップ・コード」に則り、責任ある機関投資家として、最終受益者である被保険者のために、株式を通じた投資先企業の経営に意見を述べるということです。スチュワードシップ・コードというのは、金融機関による投資先企業の経営監視などが不十分であったことが、リーマン・ショックによる金融危機を深刻化させたとの反省から、英国において機関投資家のあるべき姿として規定された指針のことです。投資先企業の企業価値を向上させて受益者のリターンを最大化するために、機関投資家が果たすべき7つの原則で構成されており、法的拘束力はないものの、各原則を順守するか、順守しないのであればその理由を説明するよう求められています。こうした動きが世界的に高まってくるなか、もはや物言わぬ大株主としての生命保険会社ではいられない、ということです。

ちなみに前出の「2015年度株式分布状況調査」では、生命保険会社の株式の保有金額は41社合計で17兆8477億円（全体の3・4％）ですから、個人投資家の90兆7703億円に比べると、かなり少ないことがわかります。かつて生命保険会社といえば、「ザ・セイホ」と海外でも呼ばれ、株式市場では圧倒的なプレゼンスを持っていましたが、最近の傾向としては、生命保険会社を含む機関投資家のプレゼンスが年々、低下傾向にあるようです。

# 投資信託会社

## 株式市場での売買シェアは高くない

### お金を集めてさまざまなものに投資

投資信託は、個人を中心に集めた資金でファンドをつくり、それを通じて国内外の株式市場、債券市場に分散投資する投資ツールです。たとえば、1人10万円ずつを1000人から集めたら、1億円のファンドを組成できます。

10万円しか持っていない人が株式投資をしようとしても、買える銘柄は限られてしまいますし、複数銘柄に分散投資することも困難です。でも、1000人から1人10万円ずつを集めれば、運用資産の規模は1億円になるため、さまざまな銘柄に分散投資することができます。

一言で「投資信託」といっても、実にさまざまな種類があります。投資信託というものは「何を組み入れるか」によって商品内容が大きく変わるのです。たとえば、日本株だけを組み入れればリスク・リターンの特性は日本株に準拠しますし、米国株だけを組み入れればリスク・リターンの特性は米国株に準拠します。

あるいは、株式ではなく債券に投資すれば、その投資信託の運用成績は為替、金利、債券市場の動向に左右されます。

投資信託は、国内外の株式、国内外の債券、国内外の不動産投資信託といった有価証券だけでなく、金や原油などのコモディティも投資対象とすることができます。ただ、この項では機関投資家としての投資信託が株式市場に対してどのような影響力を持っているかを見るために、日本株を組み入れて運用する日本株ファンドのみに絞って説明していきます。

投資信託は、どの程度の資産規模で日本株を保有しているのでしょうか。前出の「2015年度株式分布状況調査」から数字を拾うと、2016年3月時点における投資信託の日本株保有額は、28兆8825億円（全体の5・6％）になります。

また、売買高に占める投資信託の比率については、「投資部門別売買状況」から11月第5週の数字を見ると、株数ベースでは次のようになります。

東証1部市場……………2・5％
東証2部市場……………0・3％
東証マザーズ市場………0・7％
東証JASDAQ市場……0・4％

いずれの市場においても、全体の売買に占める投資信託の比率はそれほど高いものではありません。

投資信託の場合も生命保険会社と同様、日本株の組み入れに際しては、長期保有を前提にしています。多くの日本株ファンドは、組入銘柄を選別するにあたってファンダメンタルズ分析を軸にしており、ポートフォリオを管理するファンドマネジャーが、一定基準に基づいてスクリーニングした銘柄を中心に、その企業を訪問して財務担当者や経営者にインタビューを行ない、最終的に投資する銘柄を判断していきます。

ファンドマネジャーと聞くと、マルチスクリーンのあるデスクに座り、市場が開いている最中はそこで頻繁に売買の指示を出しているイメージを持っている人もいるかと思いますが、年金や投信のファンドマネジャーは、そこまで頻繁にトレードを繰り返すような指示は出しません。市場が開いている最中も、マーケットが大きく動きそうなときは注視していることもあると思いますが、そうでない限りは企業訪問、あるいは投資候補先の分析などに時間を費やしています。つまり、日々のマーケットの動きに反応して売買を繰り返すようなことはしないのが普通です。

また、投資信託のような大きな資金が株式市場に入ってくることで、その時々の株価形成に影響が及ぶことを期待している個人もいるかと思います。

２００５年ごろはよく「どうやら明日、新規設定される投資信託は、かなりの資金を集めたらしい」という情報が流れました。投資家がそれに反応して買いに動けば、株価は動くこともあります。投信の総資産額が大きくなれば、株式市場への影響が出ることもありますが、最近の大型株投信の場合はあまり影響はないと考えていいと思います。

しかし、小型株投信の場合は状況が異なります。総資産が１０００億円以上の小型株投信の場合、上位保有銘柄の主要株主として名前が上がってくることもあります。そういう意味で投信が買っているときはその銘柄の株価は上昇トレンドとなり、解約などにより投信が売却するときは、その銘柄の株価は下落する傾向にあります。「○○投信が△株の大量保有報告書を出した」などの情報が出た時点で、何億円その銘柄に投資しているかを計算し、その金額を5日で割り、その金額が投資銘柄の過去1か月の1日の出来高の売買代金の何%に該当するかを計算してみてください。25%以上だった場合は、その投信が買ったことによって株価を押し上げていた可能性が高いです。そのため、その情報を聞いてから買った場合は、需給的なプラス効果は得られないことがありますので、安易に飛びつくのは危険です。また買いの際の影響と同じことが株を売却するときに株価を押し下げる効果として出てくる可能性もあるのが総資産の大きい小型株投信の上位銘柄です。小型株投信が大きくなると儲けが小さくなるといわれる由来はこういうところにあります。

# 年金（GPIF）

## 今後の株価に及ぼす影響は限定的

### 2014年以降大きな買いの主体となった

厚生年金と国民年金の資産を管理・運用しているのが、「年金積立金管理運用独立行政法人」、通称GPIF（Government Pension Investment Fund）です。2016年9月末時点で131兆7551億円の資産を運用しており、世界最大級の年金基金です。

国民の大事な老後資金である年金資金を扱うことから、もともとは保守的なポートフォリオを旨としていましたが、2013年6月から変更され、さらに2014年10月からはよりリスクのある資産の組入比率が高められました（次ページ**図表6－2**）。

現状を2014年10月以前の基本ポートフォリオと比較すると、短期金融資産の5％という組入比率が0％になり、国内債券の組入比率が60％から35％へと大幅に引き下げられる一方、とくに国内株式と外国株式の組入比率が大幅に引き上げられました。

金額ベースで見ると、２０１４年９月末時点における日本株の運用資産額は23兆８６３５億円だったものが、２０１５年３月末時点では31兆６７０４億円に、２０１５年12月末時点では32兆６４９１億円にまで増えました。わずか１年と２か月で８兆７８３６億円も日本株を買い増したことになります。

２０１４年10月時点で日経平均株価は１万６０００円台でしたが、２０１５年８月には２万円台に乗せました。その背景に、ＧＰＩＦによる日本株買いがあったのは事実でしょう。

ただ、ＧＰＩＦによる日本株の組入比率には、25％という上限があることを忘れてはなりません。２０１６年９月時点における日本株の組入比率は21・５９％であり、上限までは３・４１％の買い余力しか残っていません。日本株の組入上限には、25％とともに「±９％」という付帯事項があるので、実質的には

**図表6-2 ◎ 国内債券の割合を大きく減らしている**
── GPIFの基本ポートフォリオの変遷

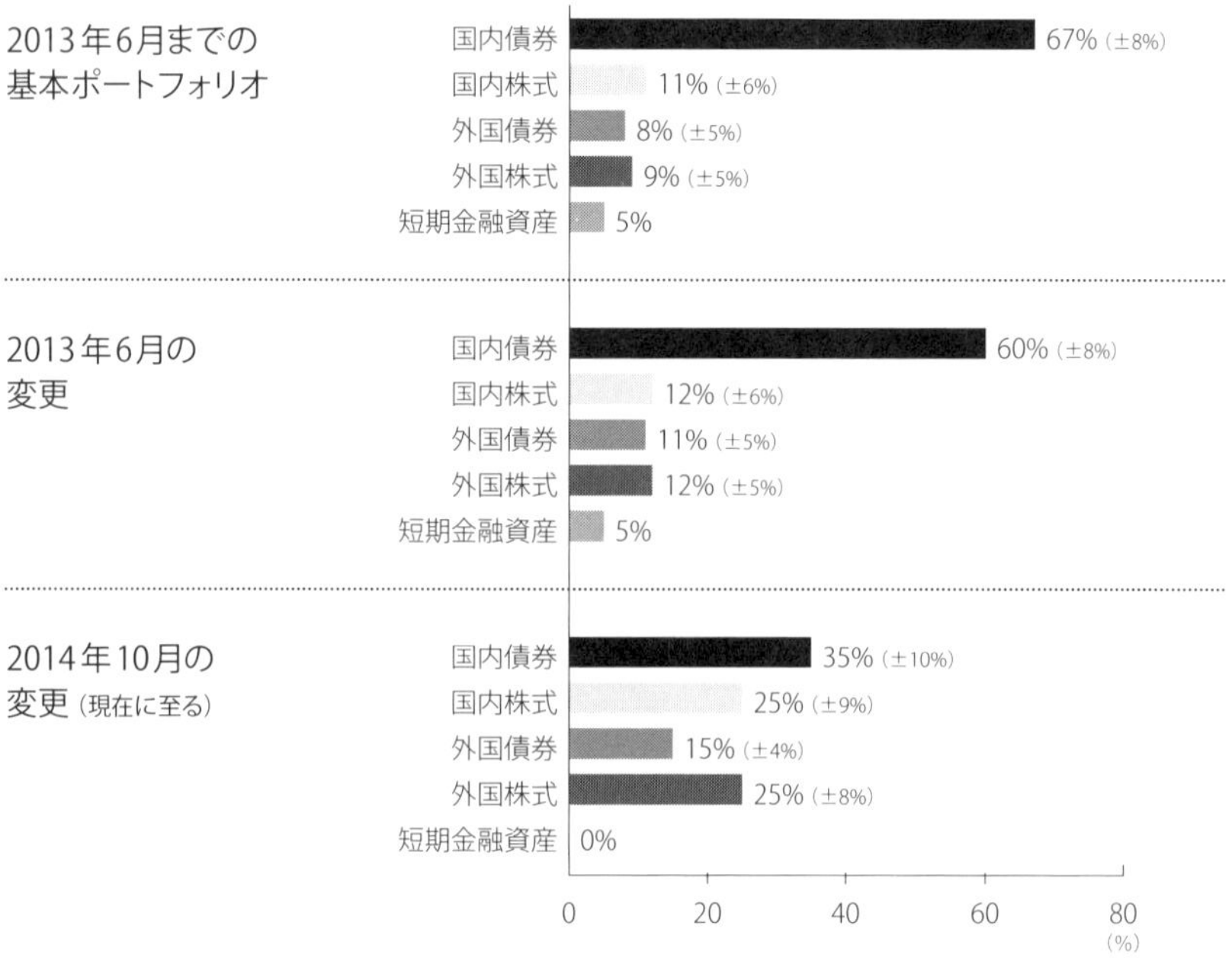

25%＋9%の34%まで組入可能ではありますが、この部分は、日本株が大きく下落した場合の買い余力として残しておきたいところでしょう。

またGPIFを通じた日本株の運用は、GPIFが直接、企業の株式に投資するのではなく、第三者の運用会社を通じて行なわれています。ただ、この点については昨今、GPIFによる直接投資の可能性を模索する声も出ています。なお、運用にあたってはアクティブ運用（指数を上回ることを目指した運用）とパッシブ運用（指数に追随することを目指した運用。コストはアクティブ運用よりも少ない）。があり、日本株投資分の86・71%がパッシブ運用です。

2015年には、市場の話題になったGPIFによる日本株買いですが、前述したように上限枠に着実に近づきつつあります。この点から考えると、さらにもう一段、日本株買いの枠を広げるか、あるいは直接投資の道を開かない限り、マーケットへの影響も限定的になるものと考えられます。ただ、株式相場と債券相場の動きにより組入比率が変わると、リバランスの必要性が出てきますので、とりわけ株式相場が下落（株式の評価額が下落）したときには、買い手としてクローズアップされてくる可能性があります。

LECTURE 6－6

# 日本銀行

## 年間6兆円を淡々と購入

### ETFを通じて日本株を購入

GPIFとともに、2015年以降、日本株市場の買いの中心になったのが日本銀行（日銀）です。日銀が日本株に投資する場合は、ETF（上場投資信託）を通じて行なわれています。過去における日銀のETF購入額を年間ベースで見ると、次のようになります。

2010年……………284億円
2011年……………8003億円
2012年……………6397億円
2013年……………1兆9553億円
2014年……1兆2845億円

2015年………3兆694億円
2016年………3兆6400億円（11月末）

このように、2015年から明らかに日銀によるETFの購入額が急増しています（次ページ図表6―3）。2016年は11月末時点で3兆6400億円になっており（2015年の1～11月末までのETF購入額は2兆811億円）、すでに2015年の購入額を超えました。そして、日銀は7月の決定会合でETFの買い入れ額を年6兆円と、以前の倍に増額することを決めました。

こうして2010年から2016年11月末時点までの約7年で、日銀が購入したETFの総額は10兆5576億円になりました。なお、166ページ図表5―4にあるようにETFの売買代金はここ数年で非常に増加しており、東証上場ETFの純資産総額は2016年11月末時点で19兆3294億円となっていますが、その約半分以上を日銀が保有していることになります。

実は、9月の日銀決定会合でETF年間買い入れ枠6兆円のうち、3兆円は従来どおりTOPIX、日経平均株価、JPX400に連動するETFを購入、2・7兆円はTOPIXに連動するETFを買い入れることとし、TOPIXに連動するETFを購入する割合を増やすことを決めました。

それ以前は、日経平均株価系のETFの購入額のほうが多く、NT倍率（日経平均をTOPIXで割った指標）が上昇し続けている背景には日銀のETF買いの影響があったと考えられます（次ページ図表6―4参照）。しかし、この方針が変わったことで、今後は日経225系とTOPIX系の純資産総額の差が縮小していくと考えられ、日経平均株価に含まれない銘柄でも、TOPIXに含まれる銘柄であれば買われることが想定されます。

**図表6-3 ● 購入したETFの総額は9兆円超に**
—— 日銀のETF購入額の推移

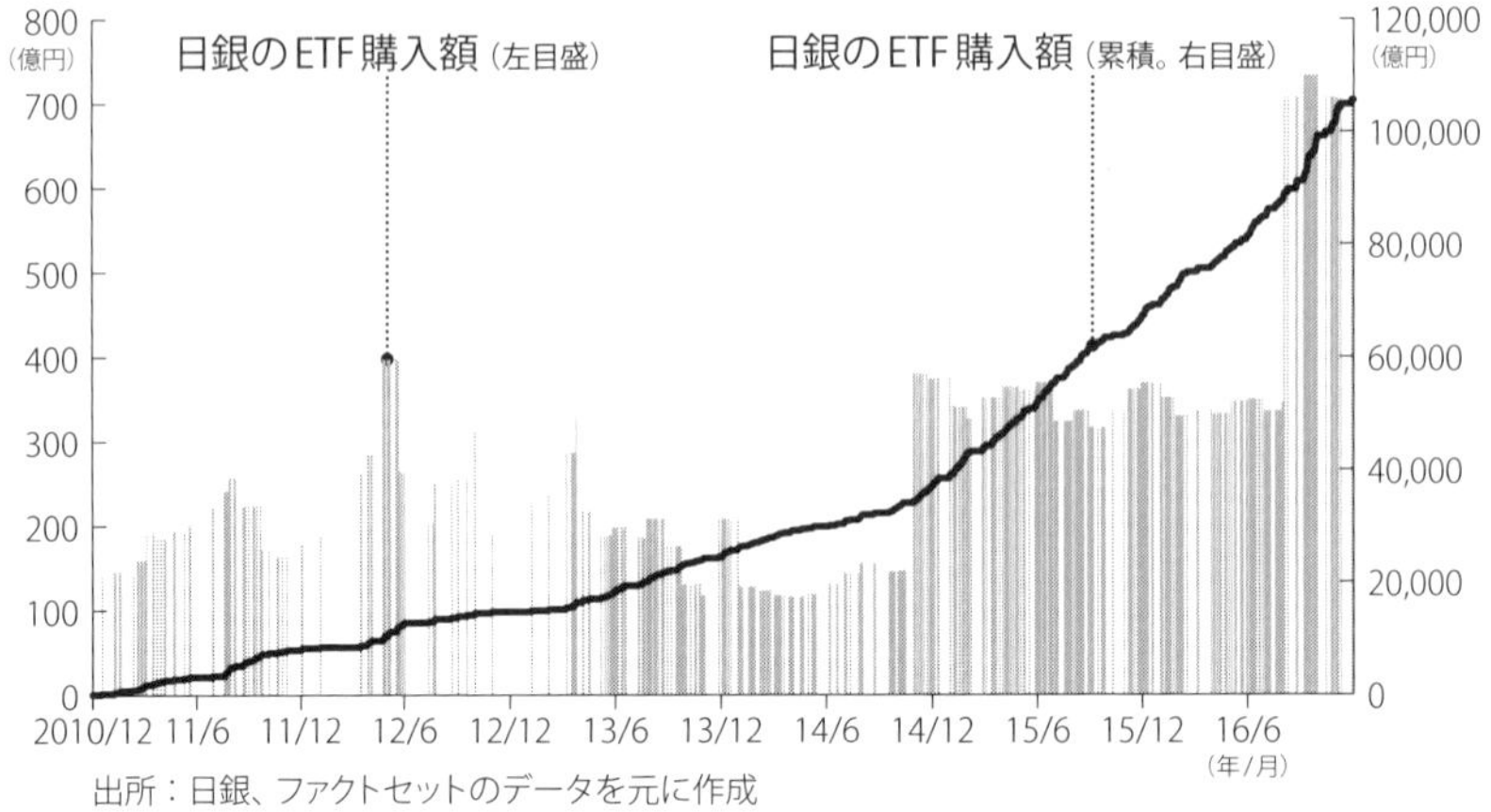


出所：日銀、ファクトセットのデータを元に作成

**図表6-4 ● 急上昇の理由は日銀のETF購入にある**
—— NT倍率（日経平均をTOPIXで割った指標）の推移

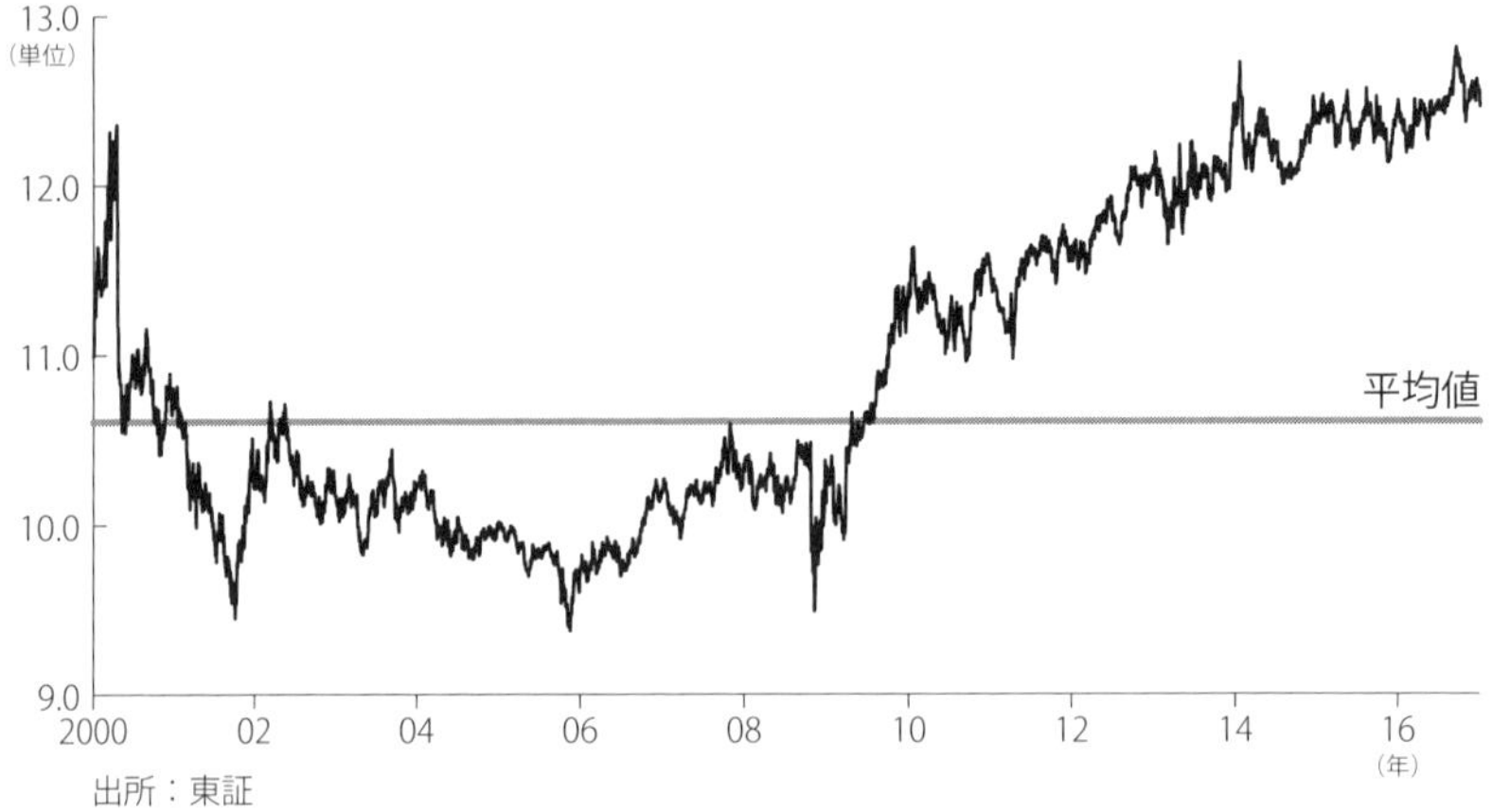


出所：東証

このような日銀によるＥＴＦ購入によって株価が押し上げられる効果があるのは事実ですが、本来は金融緩和策の一環として行なわれていることです。つまり、日銀がＥＴＦを購入すれば、その資金が市中に回り、資金量が増えて金融緩和効果が得られるというわけです。

従来、日銀がＥＴＦのようなリスク資産を購入することによって金融緩和を行なうケースはほぼなく、それゆえに、日銀がＥＴＦやＪ－ＲＥＩＴを購入して行なわれる金融緩和策のことを「非伝統的金融緩和策」と称しています。非伝統的金融緩和策が行なわれたのは２０１０年からですから、すでに約7年にわたり、日銀はＥＴＦを買い続けていることになります。

現時点において、日銀によるＥＴＦの購入額は、年間で6兆円と決められているものの、総額は決められていません。

したがって、日銀が非伝統的金融緩和策を止めない限り、毎年淡々と6兆円規模のＥＴＦ購入が行なわれます。仮に年間の上限を6兆円とすると、月間の購入額は５０００億円程度になります。前項で触れたとおりＧＰＩＦは日本株の組入比率が決められており、そろそろ上限枠もいっぱいになりつつありますが、日銀のＥＴＦを通じた日本株買いは今後も継続されます。

ちなみに、日銀が買っているＥＴＦは、投資部門別売買状況のなかでは、投資信託のなかに含まれていると考えられます。

# 銀行

## 企業との持ち合い解消によって年々低下する保有比率

### さらに株式の保有比率を低下させる方向に

1985年当時、日本の都市銀行、地方銀行を合わせた株式保有比率は20・9%でした。それが2015年時点では3・7%にまで低下しています（2015年度株式分布状況調査）。

この劇的なまでの保有比率の低下がなぜ起きたのかということですが、最大の理由は、銀行と一般事業法人とのあいだで行なわれていた株式の持ち合いが解消されたからだと思われます。

株式の持ち合いとは、上場企業同士がお互いの株式を持ち合うことです。1964年の証券不況時に、外資系企業による日本企業の買収を防ぐため、銀行が中心になってスタートしました。結果、銀行の株式保有比率は、1970年の15・8%から、1985年には20・9%まで上昇したのです。

ただ、企業買収から企業を守るという狙いは一定の効果を上げたものの、株式持ち合いが進んだことによって、その弊害も目立つようになりました。

たとえば、「物言わぬ大株主」の割合が高まったことによって、株主総会の議決権による監視機能が形骸化し、コーポレート・ガバナンスに支障を来すようになりました。何しろ利害が一致する者同士が大株主としてお互いの株式を持ち合っているわけですから、株主総会で企業側に厳しい意見を言う株主の声は、物言わぬ大株主によって消されてしまうのです。これでは健全な企業統治など行なえるはずがありません。

また、バブル経済の崩壊以降、企業会計が取得原価主義から時価主義に変わっていくなかで、業績の悪い企業の株式を保有することが企業経営にとって大きなリスク要因になったことも、株式持ち合いのデメリットとしてクローズアップされていきました。

こうしたことが相まって、とくに2000年以降、株式の持ち合いを解消する動きが広がっていったのです。

また、2015年9月に金融庁が公表した「平成27事務年度金融行政方針」において、3メガバンクが保有している政策保有株式を縮小する必要性が記されていました。

その文章は次のようなものです。

「3メガバンクグループ等は、欧米G−SIFIsに比べ、政策保有株式の自己資本に対する保有割合が高く、株価下落時の自己資本に及ぼす影響は無視出来ない状況にある。従って、経済や市場の変動に対する耐性を高め、ストレス時に金融仲介機能を十分に発揮するためには、株価変動リスクの縮減が必要である。

3メガバンクグループは、先般公表したコーポレートガバナンス報告書において、政策保有株式の保有に関する方針等を開示した。政策保有株式の縮減に向けた取組みが着実に進展するよう、金融機関との深度ある対話を行っていく。併せて、3メガバンクグループによる政策保有先に対する取組みが、優越的地位によるものとなっていないか、企業ヒアリングを通じて確認していく。」

これによって、さらに銀行の持ち合い株式は解消へと向かっていくでしょう。当面、銀行は株式市場における売り主体になりそうです。それは、需給面において株価の下落圧力になりますが、メガバンクが持ち合い解消に動く一方、市場に放出された株式を引き受ける主体があれば、株価への影響も軽微で済みます。それが個人投資家になるのか、それともGPIFや日銀、その他の投資主体になるのかは何ともいえませんが、少なくとも個人投資家に限っていえば、マーケットが堅調でなければ買いが優勢になることは期待できません。またGPIFは外部の運用会社を通じて、日銀はETFを通じて日本株を買っているため、持ち合い解消で市場に放出される企業を特定して、その株式を買うことはできないしくみになっています。これを可能にするとしたら、GPIFに直接、株式投資をさせるように制度の見直しが必要になります。いずれにしても、銀行の持ち合い解消売りを相殺できるだけの買い主体が現われるかどうかが、株価にとっても重要になってきます。

# LECTURE 6－8

# 外国人投資家
## ヘッジファンドやSWF、CTAなどがメイン

### 東証1部における売買シェアは約7割

さまざまな投資主体がいるなかで、とくに1980年代後半のバブルが崩壊した後、日本の株式市場で存在感を高めてきたのが外国人投資家です。

バブル経済のピーク時には、4％前後だった外国人投資家の株式保有比率は、1995年に2ケタに乗せた後、徐々に増加傾向をたどり、2015年には29・8％まで上昇しました（2015年度株式分布状況調査）。また、投資部門別売買状況を見ても、外国人投資家が日本の株式市場で大きなプレゼンスを持っていることがわかります。各市場別における、外国人投資家の売買状況を株数ベースで見ると、次のようになります（この数字は2016年11月第5週時点のものです）。

東証1部市場……………………65・0％

東証2部市場……………18・4%
東証マザーズ市場…………24・6%
東証JASDAQ市場……18・1%

圧倒的に東証1部市場での売買が大きい一方で、東証2部市場や東証マザーズ市場、あるいは東証JASDAQ市場においても、個人投資家に次いで大きな売買を行なっていることがわかります。

2012年ごろには海外投資家の売買比率が40%近くまで減少しましたが、アベノミクス後に徐々に6割以上に上昇してきました。東証1部に占める外国人投資家の比率が高いので、外国人が買うと日経平均株価やTOPIXは上昇するのは事実です。そして、彼らが売りに転じると指数も下落していきます。**図表6―5**は外国人投資家の金額ベースの売買動向と日経平均株価の推移ですが、外国人投資家の売買動向と日経平均の上げ下げは連動

**図表6-5 ● 外国人が日経225を動かしている?**
―― 外国人投資家の売買動向と日経225

出所：東証、ファクトセットのデータを元に作成

していようにみえます。

　上げ相場で買い上がり、下げ相場で投げるような投資の仕方で果たして利益を出せるのだろうかとい思えますが、おそらくそのような売買をしている外国人はヘッジファンドではないかと考えられます。下げに転じる前にショートを振り、売り越すときにショートで利益をとるということでしょう。

　この外国人投資家の地域別の内訳を東証が1か月に一度開示している情報からみると（**図表6—6**、次ページ**図表6—7、6—8**）、金額ベースでは、外国人投資家といわれる人たちの7割が欧州の投資家で、米国、アジアはそれぞれ15％程度であり、傾向としてはアジアの投資家の存在感が徐々に上昇していることがわかります。アジアの投資家のなかには、私の友人たちのいわゆる和製ヘッジファンドが入っています。そして、欧州の投資家は主にSWF（204ページ参照）と思われますが、いわ

**図表6-6 金額ベースでは最も多い**
——欧州系投資家の売買動向（金額と全体に占める割合）

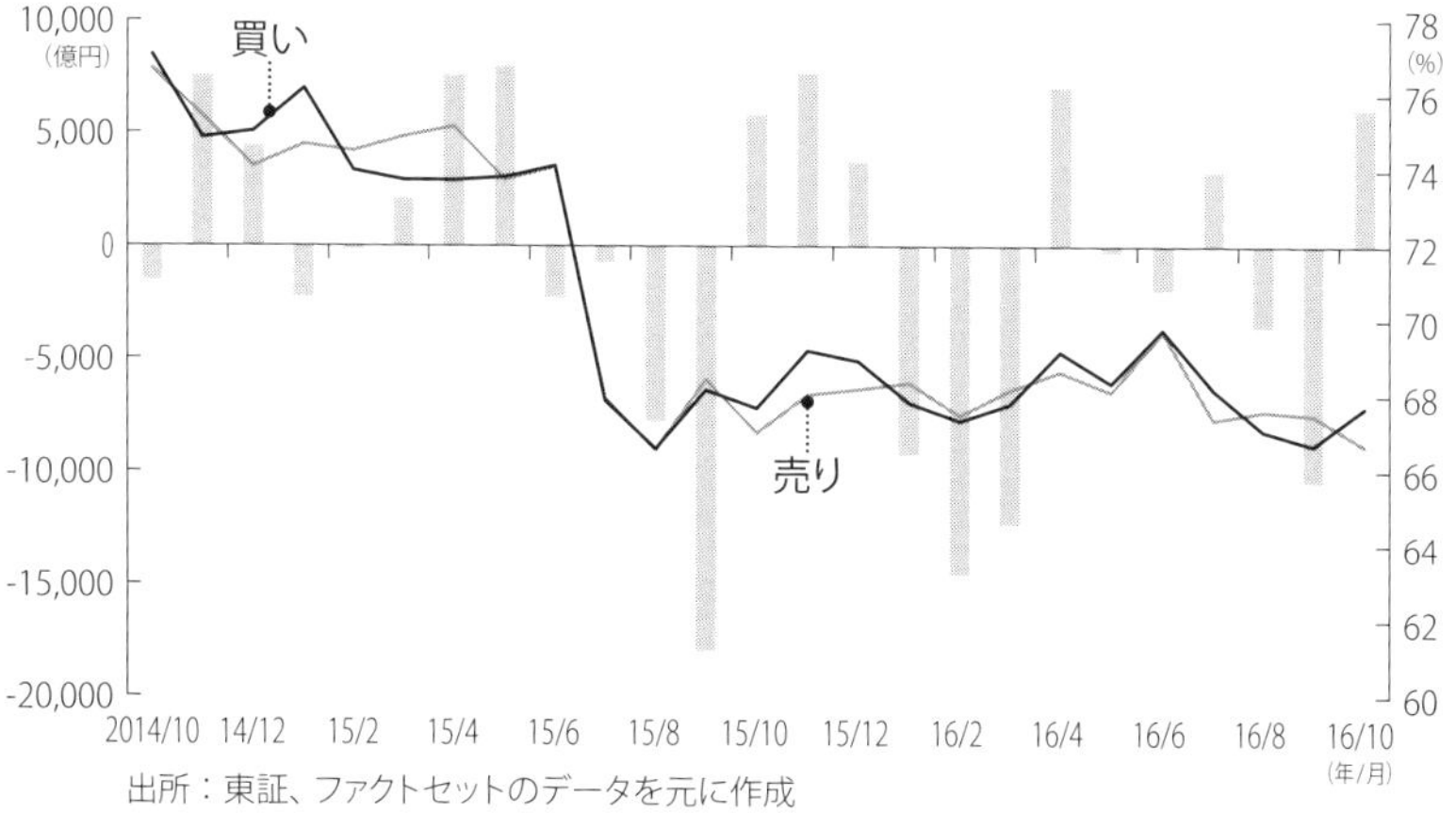

出所：東証、ファクトセットのデータを元に作成

**図表6-7 ● 2015年6月以降、ほとんど売り越している**
—— 米国系投資家の売買動向（金額と全体に占める割合）

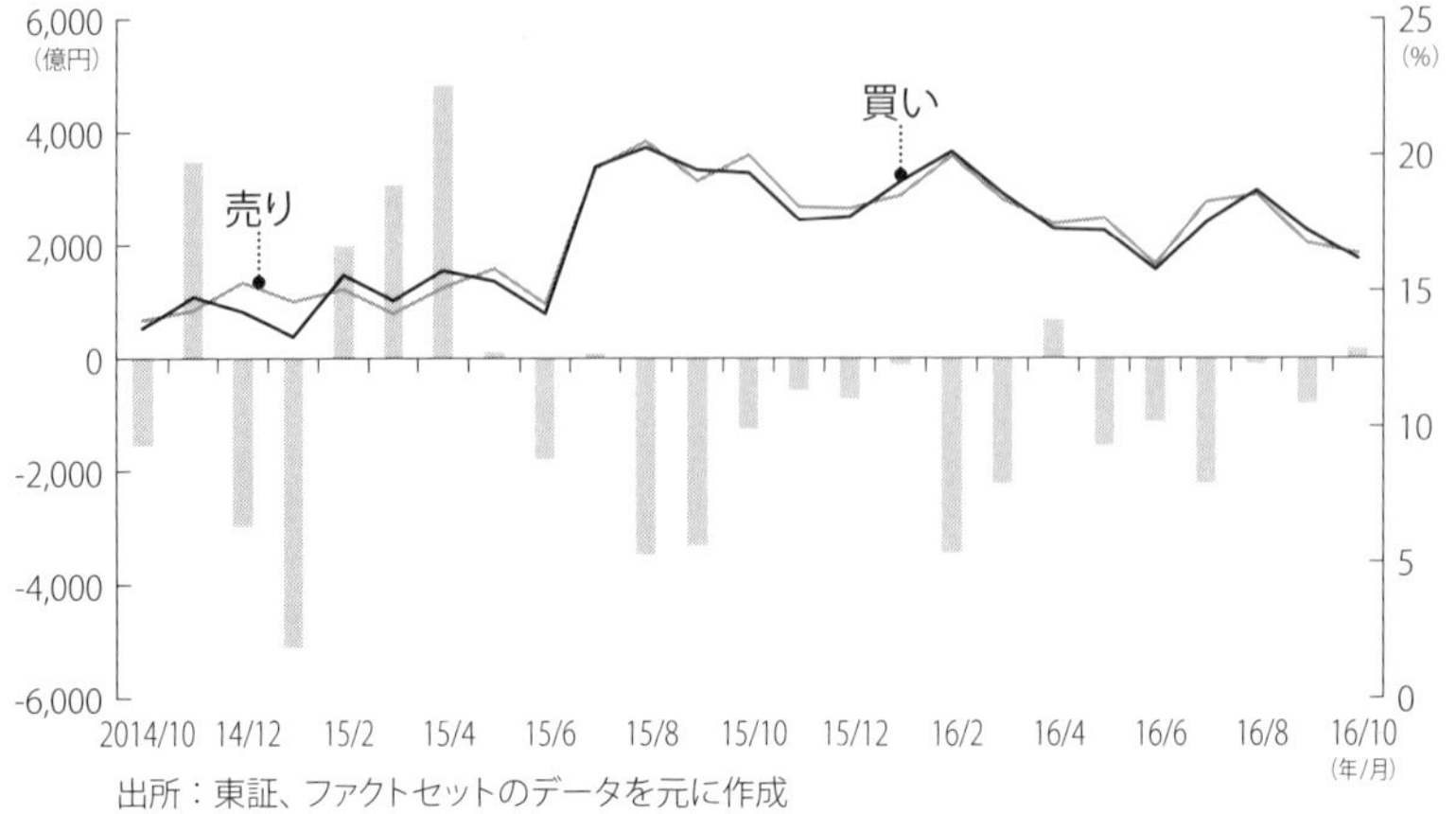


出所：東証、ファクトセットのデータを元に作成

**図表6-8 ● 金額ベースで全体に占める割合が上昇傾向にある**
—— アジア系投資家の売買動向（金額と全体に占める割合）

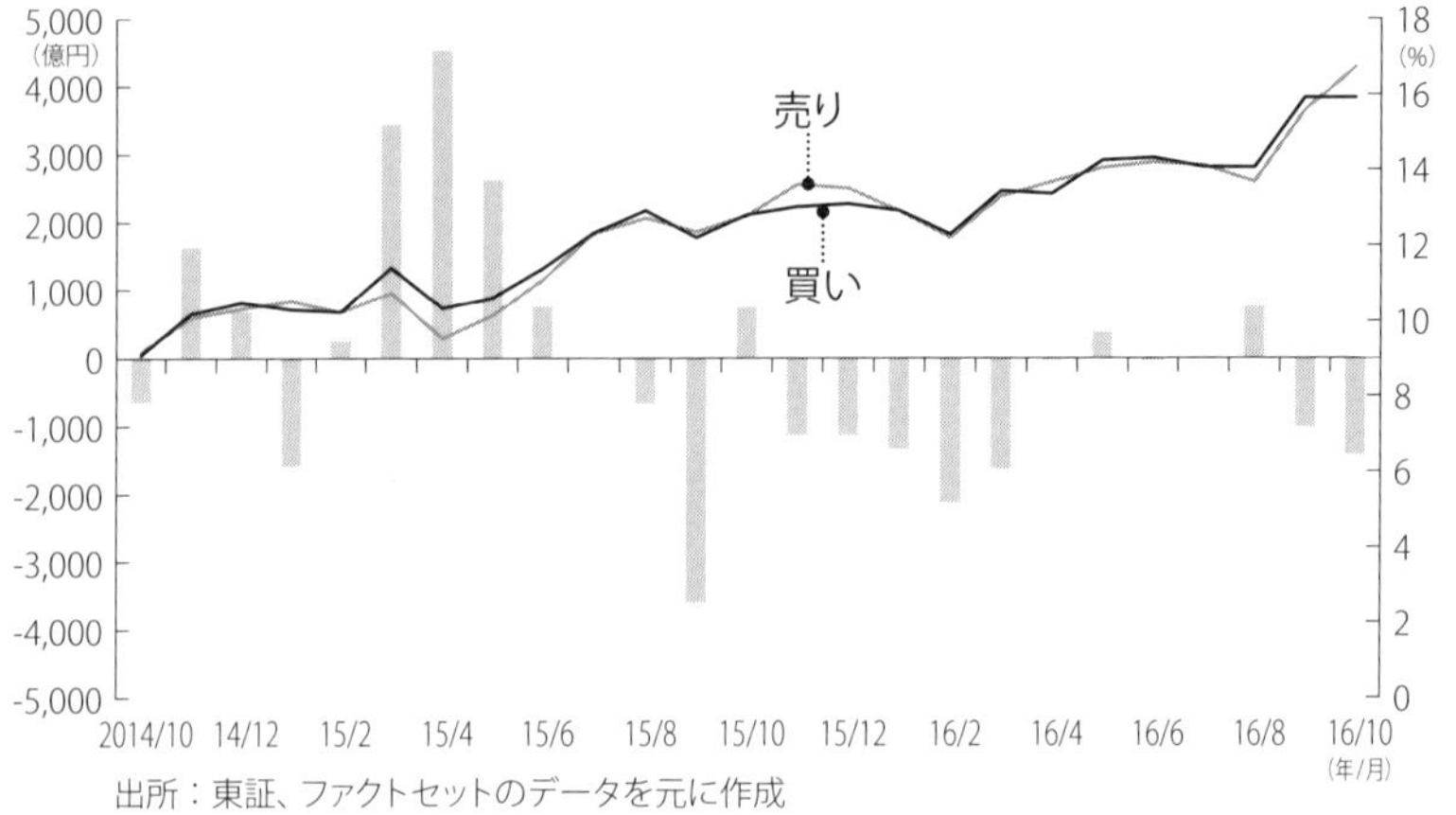


出所：東証、ファクトセットのデータを元に作成

ゆる「外国人買い」に貢献している一方、米国の投資家は2015年6月からほとんど買い越しになっていません。

興味深いのは、個人投資家が外国人投資家と逆相関するような行動をとっていることです。上げ相場で利益確定し、下げ相場で安値を拾っているように見えます（**図表6―9**）。本来の投資はこうあるべきですが、個人と外国人の東証1部の売買高に占める比率にはあまりにも差があるため、個人投資家のこうした動きが指数の上げ下げに与える影響はほぼないといえます。

ところで、「外国人投資家」というと、何やら実像が見えないように思えるのではないでしょうか。一般的に外国人投資家といった場合、ヘッジファンド、SWF、海外の年金、投資信託、CTAなどの投資家が含まれると考えていいでしょう。以下ではこれらについて、ひとつずつ簡単に説明しておきます。

**図表6-9 うまく高値で売って安値で買っているように見えるが……**
――個人投資家の売買動向と日経225

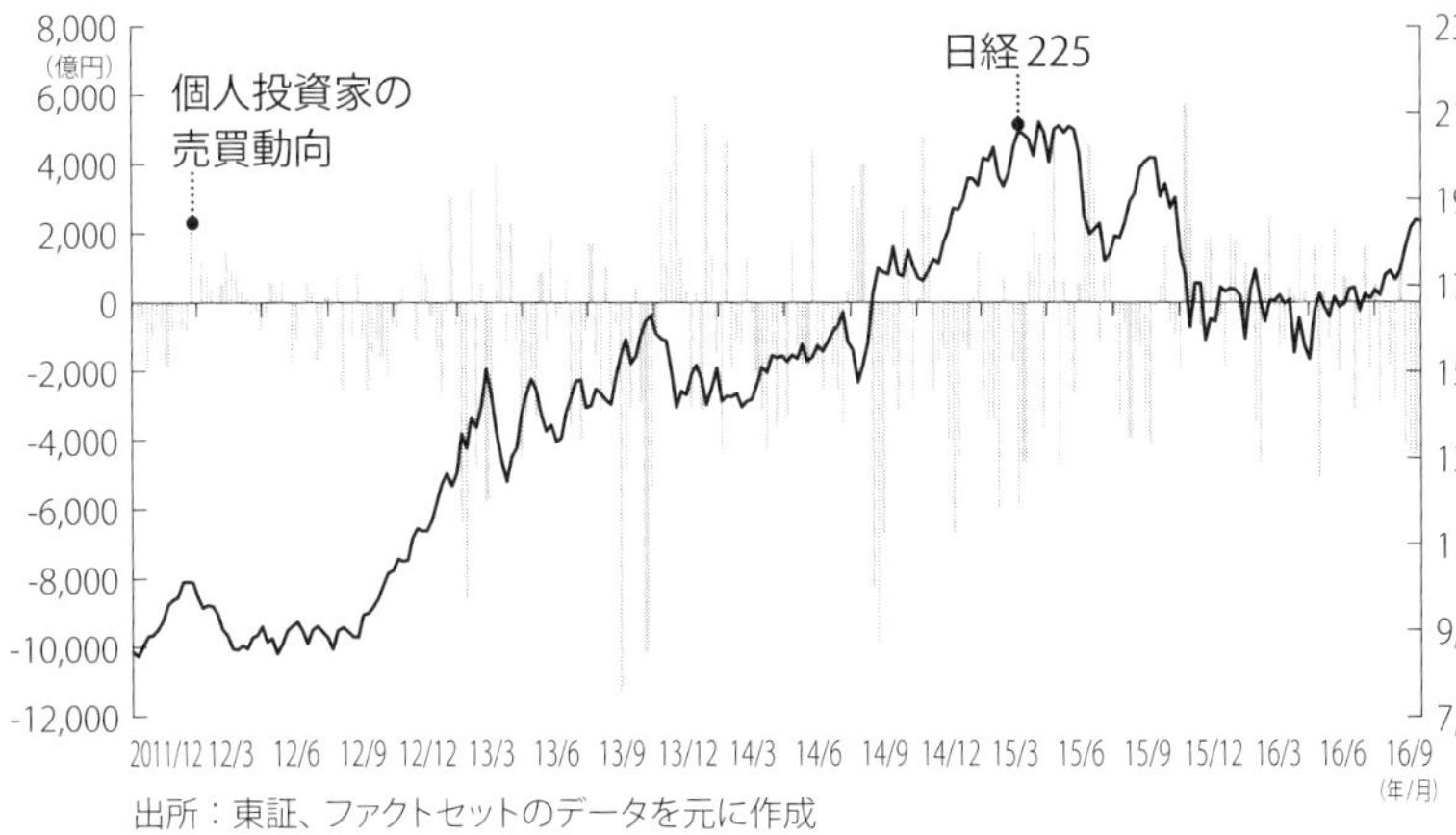


出所：東証、ファクトセットのデータを元に作成

## ヘッジファンド

国内外の株式や債券、不動産、デリバティブ、コモディティなど、収益を生み出すものには何でも投資するという、自由度の高いオフショアファンド（いわゆるタックスヘイブンに設立されるファンド）のことです。多くのヘッジファンドの投資家はプロの投資家です。つまり、富裕層以外の個人投資家の資金を受け入れているヘッジファンドはあまりありません。そのため、1口の投資金額は投信のように低くなく、ほとんどが最低1億円以上となっています。

ヘッジファンドにもさまざまな運用スタイルがあるのですが、名前のとおり、どの運用戦略であっても、市場の動向に関係なく絶対額で利益を上げることを目的としています。日本株ヘッジファンドの場合は、ある個別株を買って、反対に他の銘柄を信用売りし、日経平均先物やＴＯＰＩＸ先物、オプションを売買し、株式市場下落の際のヘッジをします。加えて、多くのヘッジファンドがレバレッジを効かせた運用をしています。リーマン・ショック前までは、ヘッジファンドのレバレッジ率はファンドの総資産額の10倍以上だったこともありました。しかし、リーマン・ショック後はこのレバレッジ比率は大きく低下して、現在は平均して1・5〜2倍程度です。ただ、レバレッジ効果は大きく、少ない資金で大きな利益を得られるメリットがあります。その反面、運用に失敗した場合は、損失が大きくなります。ヘッジファンドがハイリスク、ハイリターンといわれる由来はここにあります。

## SWF

ＳＷＦとは、Sovereign Wealth Fundの略で、「政府系ファンド」などといわれています。文字どおり、政府が国の資産を殖やすことを目的にして行なわれている投資活動全般を指すと考えていいでしょう。

代表的なＳＷＦとしては、次のようなものがあります。

アブダビ投資庁（アブダビ首長国）
ノルウェー政府年金基金（ノルウェー）
サウジアラビア通貨庁（サウジアラビア）
クウェート投資庁（クウェート）
中国国家外国為替管理局（中華人民共和国）
シンガポール政府投資公社（シンガポール）
ロシア連邦安定基金（ロシア）
カタール投資庁（カタール）

他にもさまざまなＳＷＦがありますが、運用原資は資源・エネルギーの輸出によって得た収益、外貨準備を充てているケースが多いようです。右記のＳＷＦの国籍を見るとわかると思いますが、中東産油国は豊富なオイルダラーをＳＷＦで運用しています。彼らからすれば、石油の輸出によって国庫が潤っているうちに、石油が枯渇した場合に備えてさまざまな投資活動を行ない、運用によって国家資産を殖やしておきたいという狙いがあります。ＳＷＦのなかでも資源・エネルギーの輸出で得た収入を投資原資にしているところは、原油価格などの動きによって、投資活動が影響を受けます。とくに２０１５年に世界的に原油安が続くなか、中東産油国のＳＷＦが、それまで投資していた資金の一部を引き揚げる動きを見せたことは記憶に新しいところです。

## 海外の年金

有名なところとしては、米国カリフォルニアのＣａｌＰＥＲＳ（カリフォルニア州職員退職年金基金）、カナダのＣＰＰＩＢ（カナダ年金制度投資委員会）、前出のＳＷＦにも入っていた、ノルウェーのＧＰＦ－Ｇ（ノルウェー政府年金基金－グローバル）あたりでしょう。２０１６年3月末時点の運用資産総額は、それぞれ次のようになります。

ＣａｌＰＥＲＳ……33兆円
ＣＰＰＩＢ…………24兆円
ＧＰＦ－Ｇ…………96兆円

こうした海外の年金基金も、日本株の運用は個別企業に投資するよりも、日経平均株価のような指数でのインデックス運用が中心になります。ヘッジファンド、ＳＷＦもそうですが、運用資産規模が巨額になると、どうしても流動性リスクが高まってくるので、中小型株への投資よりも、大型株投資が中心になってきます。一部、日本の運用会社を通じて、中小型株のポートフォリオを保有しているＳＷＦもありますが、それは非常に限られた事例です。

## ＣＴＡ

ＣＴＡとはCommodity Trading Advisorの略で、かつては商品先物取引の運用会社というイメージでした。しかし、先物取引には、金などの貴金属や原油などの資源・エネルギー、大豆やトウモロコシなどの食糧品といった商品先物取引だけでなく、株価指数先物、金利先物といった金融先物取引が含まれることから、ＣＴＡはこれらにも幅広く投資することによって、株式市場に影響を及ぼすようになりました。

また、最近のＣＴＡの特徴として、人間が投資判断を下すのではなく、コンピュータを駆使して投資判断を下すことが一般的になっています。しかも、取引もあらかじめコンピュータによってプログラミングされており、素早い投資判断だけでなく、売買執行も極めてスピーディーに行なわれます。

近年の株式市場では、ＨＦＴ（High Frequency Trade）という高頻度取引が話題になっていますが、彼らは、コンピュータにプログラミングされたアルゴリズムに従って売買判断を下し、それを高頻度取引に乗せて売買しているのです。非常に大きな資金で高頻度取引が行なわれるため、マーケットのかく乱要因になるという声もありますが、彼らの取引が市場に流動性をもたらしているのも事実です。

## 投資信託

海外のファンドというと、これまで紹介してきたようなヘッジファンド、ＳＷＦ、ＣＴＡばかりが注目を集めますが、オーソドックスかつ伝統的な投資信託もたくさん存在しています。こうした投資信託のなかには、インデックス運用だけでなく、日本の個別企業をファンダメンタルズ分析に基づいて買っているところもあります。

LECTURE 6-9

# その他の市場参加者

## 証券会社や"相場のプロ"の動向は?

### 低迷する証券会社の自己売買部門

証券会社は投資家から株式売買の注文を受け、それを市場につなぐ役割を担っています。これを「委託売買(ブローカー)業務」といいます。つまり、投資家からの委託を受けて、証券市場で売買するという意味です。

それに加え、証券会社は自らの資金を使って株式市場で売買を行なっています。これを「自己売買(ディーラー)業務」といいます。証券会社が自らのポジションを持ち、株式の売買で会社の利益を得ているのです。それと同時に、株式市場に一定の流動性をもたらす存在でもあります。

各市場別における自己売買の売買状況を株数ベースで見ると、次のようになります(この数字は2016年11月第5週時点のものです)。

東証1部市場……………14・9％
東証2部市場……………2・2％
東証マザーズ市場………3・3％
東証JASDAQ市場……1・9％

ざっと見てわかるように、証券会社の自己売買は東証1部上場銘柄が中心です。これは、東証1部上場銘柄の流動性が高いからです。証券会社のディーリング部門になると、会社の自己資金での売買になりますから、ある程度、大きなお金を動かすことになります。売買高が少ない銘柄だと、自分たちの買いで株価を上げ、売りによって株価を下げてしまう恐れがあるので、多くの投資家が取引に参加している銘柄でなければ取引できません。その結果、市場の厚みがある東証1部市場での取引を中心にせざるを得ないのです。

ただ、最近は自己売買部門も変化を余儀なくされています。かつては職人のようなディーラーがいて、板を見ながら取引していたのですが、最近は先に触れたCTAが高頻度取引を駆使して市場に参加しており、板読みで利益を出すのが非常にむずかしくなってきた面があります。HFTのような高頻度取引は人間の判断で対抗するのが困難です。証券取引所も、高頻度取引に対応すべく、1000分の1秒単位で注文の処理を行なうアローヘッドのような高速処理システムを導入したため、なおのこと人間の判断では対抗できない状況になってきたのです。

そのため、一時は自己売買部門で利益を上げ、業績の回復を図ろうとした多くの証券会社は、証券業界からの撤退を余儀なくされました。

現在も自己売買部門の充実を図っている証券会社は極めて少数で、証券会社の自己売買部門のプレゼンスは、急速に低下しています。

## 5%ルールの導入で多くの仕手筋は廃業

1980年代、バブル経済が華やかだった時代には、大物と呼ばれる仕手筋が大勢いて、株価のつり上げなどを行なっていました。

彼らの手口は、以下のようなものです。

1　市場でまったく注目されていない、業績の悪い、発行済株式数の少ない中小型株に目をつけ、それを目立たないように、静かに買い進めていきます。

2　仮に、仕込んでいる最中に株価が急騰したら、そこで「冷やし玉」などといわれている株式の売りを意図的に入れて株価を押し下げ、安くなったところで再び買い集めを開始します。

3　こうして仕込みが完了したら、メディアなどを通じて情報を流します。かつては株式業界紙などが、このような情報を流す場として重宝されていましたが、いまは大半の株式業界紙が廃刊に追い込まれ、読者も離れてしまったので、ネットの株式情報サイトやツイッターなどのSNSを活用して、注目銘柄などの材料を流すようです。

4　こうした結果、デイトレーダーなど個人投資家の注目を集め、株価がどんどん上昇し始めた時点で、最初の仕込みをしていた仕手筋は、売り逃げて利益確定に動いているはずです。

個人投資家が大勢、取引に参加してくるのは、4の後からです。すでに多くの仕手筋は売り逃げているのに、SNSなどで買い煽りのような情報がどんどん流され、それに乗せられて売り買いが錯綜し、株価は最後の急騰局面を迎えます。

もちろん、永遠に続く仕手相場はありません。どこかで必ず崩れます。株価が急落すると、高値圏で保有していた投資家はみな投げ売りに走り、同時に売り崩しに入るデイトレーダーも参加して、株価は下げ足を一段と速めます。こうしてひとつの相場が終わりを告げます。

仕手筋にとって大事なことは、自分たちが仕込んだ銘柄をきちんと売り抜けられることです。当然、仕込む段階で大量の株式を保有しています。その後、さまざまな情報を駆使して株価を釣り上げ、株価は大きく上昇するわけですが、その時点ではまだ銘柄を保有しているため、たんなる含み益に過ぎません。買った株式は売り抜けて初めて利益になります。

したがって、自分たちが保有している大量の株式を買い取ってくれる、他の投資家がどうしても必要になります。かつては買い集めた株式を、その発行企業に持ち込み、「経営権を握る」といった圧力をかけて高値で買い取らせるケースもありました。

とはいえ最近は、大物といわれる仕手筋の動向はほとんど聞かれなくなりました。「大量保有報告制度」が施行されたことによって、株式の保有割合が5％を超える者に、大量保有報告書の提出が義務づけられたからです。この報告書には、資金源を明示しなければならず、また保有割合が1％以上変動するたびに、変更報告書の提出もあるため、仕手筋は自分たちの手口が明らかにされてしまうのです。このように、仕手筋が大量保有しにくい環境が整ったことによって、ますます彼らの動きには制約が課せられるようになり、仕手筋の存在そのものも、大きく後退していきました。

# 第7章

UNDERSTANDING THE STOCK MARKET

# 自分の投資スタイルを確立しよう

LECTURE 7-1

# ファンドマネジャーが企業訪問で注目していること

## 24時間、運用のことを考えている

### 資料や数字からだけではその会社の実力はわからない

ファンドマネジャーは日中、場が開いているときは、株価やニュース、チャートなどが表示されたマルチスクリーンを見ながら保有銘柄に自分が認識していないリスク要因がないかを常にチェックしています。そして、同時に保有している企業のフォローアップをしたり、潜在投資銘柄について調査したり、マクロ経済について考えたり、今後の投資戦略を構築したりとやることが無数にあります。十分やったといえることがない仕事のため、24時間、運用のことを考えています。マーケットが引けた後は、自分が注目している企業の経営者、あるいはIR（Investor Relations）担当者を訪問し、話を聞いたりしています。

企業のことは、企業が発行している有価証券報告書、アニュアルレポート、決算短信、説明会資料や補足資料などに目を通せば、大体のことは理解できます。

しかし、これらの資料に記載されている数字からだけではわからないことがあるのも事実です。それを調べるために、私たちファンドマネジャーは、企業訪問を繰り返しているのです。

私もかつてアナリストだったころは、年間700社ほどの会社訪問を繰り返しました。アナリストもファンドマネジャーも、企業訪問ができるのが株式投資をするうえで最大のメリットです。この点は個人投資家に比べて有利ではあるのですが、最近は個人でも、工夫の仕方によっては企業訪問をしたのと同じような状況をつくり出すことができます。

たとえばＩＲイベントもそうです。ＩＲイベントはメディアや証券取引所の主催で定期的に開催されており、参加企業はブースを出して、ＩＲ担当者を常駐させています。投資したい企業があれば、その場で直接いろいろな話を聞くことができます。

あるいは、どうしても聞きたいことがあれば、ＩＲ担当者に直接、電話をして聞くという手もあります。「株主です」、あるいは「投資を検討しているので話を聞きたい」などと言って電話をすれば、大概のことには答えてくれるはずです。

## 会社の「雰囲気」をつかむことは大切

さて、実際に企業訪問などをしたとき、ファンドマネジャーはどういうところに注目しているのでしょうか。もちろん企業によって、あるいは状況によって違うのですが、ひとつだけ共通していることがあります。

それは会社の雰囲気です。

通常、会社の業績が良いときは社員の雰囲気も明るく、社内全体にやる気がみなぎっています。逆に、業績の低迷が続いていると、社員の士気も下がり、会社全体に暗い雰囲気が漂うものです。

以前、関西のある企業を訪問したときのことです。日中に会社訪問したにもかかわらず、部屋に入ったときに室内がとても暗かったことがありました。その理由がなぜか、すぐに気づきました。雰囲気が暗いのではなく、無駄なところの照明が一切点いていないのです。社屋も非常に地味でした。しかし、陰気な雰囲気はどこにもありませんでした。それは社員のみなさんがとても明るかったからです。当然、業績も好調です。

こうなると、「ケチな会社」というイメージは吹き飛び、「なんて堅実な経営をしている会社なのだろう」となるのです。きっと、投資家の資金も大事に使ってくれるに違いない、そう思ったものです。

それらの企業は、いまから15年前の日東電工、村田製作所、任天堂、日本電産などでした。

また、かつて日立製作所の子会社のクラリオンの株価が50円以下で取引されていたことがありました。2008年後半の、リーマン・ショックで世界経済が大きく揺らいでいたときです。クラリオンは純資産が300億円もありましたが、上期に営業赤字に陥っていました。しかも、年末に取材をしたのですが、そのときに世間でいわれていたのは、上期以降も急激に業績が落ち込んでいるという話でした。

半年前はかろうじて200円を維持していた株価が50円前後になっているということは、倒産を織り込んでいるとしかいいようがありません。

50円の株価で計算すると、クラリオンの時価総額は140億円ほど。上期の当期損失は6億円で、純資産は300億円。PBRは0・47倍です。解散価値から考えると、株価は会社の純資産が140億円を割り込むと見込んでいて、それを前提に考えると、当期損失が160億円を超えることを意味しています。このままだと債務超過に陥ることも想定しておかなければならないと思い、企業訪問に踏み切りました。クラリオンが倒産するリスクがどの程度あるのかを見極めようと思ったのです。

私が埼玉の本社に出かけたとき、株価はついに40円を割り込んでいました。もう倒産まで待ったなしです。本社に到着すると、ガラス張りの非常にぜいたくな建物でした。「業績がここまで悪化しているのに、分不相応なビルだな」と思いつつ、招かれるまま取材部屋に向かいました。その途中、大勢の人がいろいろなところに配置されているテーブルで、活発に話をしていました。

応接室に入り、担当者と名刺を交換した私は、すぐに外の光景について質問しました。「大勢の人が話をしていますが、何をしているのですか」と。

すると、担当者は「あれは商談ですよ」と言うのです。それに引き続き、社長室、経営推進本部、経営戦略室の部長の方々が部屋に入って来られ、取材がスタートしました。

正直、拍子抜けする思いでした。クラリオンの経営について危機感を抱いていた私は、さまざまな角度から、いまの経営問題について質問したのですが、それに対する答えがみなとても明るい内容ばかりだったのです。「引き合いは悪くありません」「来年には営業黒字を目指します」などとおっしゃり、最初はなかなか信じられませんでしたが、商談が非常に多いという雰囲気もあり、これなら当分、潰れることはないだろうと思いました。その後、クラリオンの業績は回復へと向かい、債務超過に陥ることもなく、数か月後の有価証券報告書では在庫が減少し、翌年の第1四半期には営業黒字を出していました。

また、企業の決算説明会にもできるだけ参加するようにしています。決算説明会にはたいてい、社長が出てきますし、質問に回答してくれるからです。私が説明会に参加するときは、参加人数が前回に比べて増えているのか、それとも減っているのか、説明会が始まる前に資料などを読み込んでいるアナリストや投資家たちの雰囲気はどうなのか、などをまずチェックします。個別取材と違い、自分の聞きたいことを簡単には質問できませんが、他の人がどういう点に興味を持っているのかを把握するのには役立ちます。

## アナリストレポートはここをチェックする

個別企業の分析についても、証券会社はさまざまなレポートを出しています。経済指標の結果について書かれたマクロ経済レポート、これからどういう投資戦略が有効なのかが書かれたストラテジーレポート、個別企業について書かれた企業調査レポート、さらには業界動向について書かれた業界レポート、といった具合に多岐にわたっています。

私が証券会社のレポートを読むのは、そこに書かれている証券会社の予測と、私自身の予測が同じベクトルなのかどうか、違っているとしたら、どういう点で違いが生じているのかを把握するためです。

日本の証券取引所に上場されている企業の数は、全部で3531社です。証券会社のアナリストが書くレポートは、証券会社が株の売買手数料を稼ぐための商品ですので、売買手数料が稼げる大型株を中心に、1人30～40社程度しかカバーしていません。つまり、ほとんどの上場会社は証券会社のアナリストによってカバーされていないということですので、機関投資家も自分自身で企業調査することとなります。私は、大型株について書かれることの多い企業調査レポートを読むことはほとんどありませんが、決算発表後のレポートには目を通します。これによってコンセンサスを把握できます。

アナリストレポートで参考にするとしたら、業界の動向などについて書かれた業界レポートです。ここには業界の状況、制度変更や今後の方向性も書かれているので、そのなかでどの企業がどのような位置づけにあるのかを把握できるとともに、新しい投資アイデアを見つける材料にもなります。データ集は、その証券会社でカバーしていない企業の月次売上の数字などが出ているので、とても参考になります。

ちなみに、こうしたレポートは、証券会社に口座を持っていると、ホームページを通じて案内してくれるケースが多いようです。

LECTURE 7－2

# 株価を予測するポイントは？

## 投資にあたって「企業価値」の算出は欠かせない

### 「企業価値」に絶対値はないが……

ファンドマネジャーとして企業訪問を繰り返すのも、あるいはさまざまなアナリストレポートに目を通すのも、最終的には株価の方向性を予測するために行なっています。

本書でここまでに触れてきたように、私は実際に投資を行なうにあたっては、投資する候補銘柄についてそれぞれ企業価値を算出し、その企業価値に達するためのカタリスト（きっかけ・トリガー）が何かなどを考えています。企業価値を算出するときに、株価がその逆に行った場合のダウンサイド（買いの場合は、ここまで下がる可能性があるというレベル、売りの場合、ここまで上がる可能性があるというレベル）の株価水準も算出します。

企業価値の算出法については、第2章で解説しました。

まずはバリュエーションを計算します。バリュエーションについてはPERやPBR、ROE、E

V／EBIT、EV／EBITDAなどを用いて、現在の株価が妥当値なのかどうかを水準で把握します。

さらに、その数字が同業他社と比較してどういう位置づけにあるのか、あるいは過去の時系列で見てどういう位置づけにあるのかなどもチェックします。

たとえばROEにしても、自分が投資したい企業の利益率や成長率が高かったら、同業他社と同じバリュエーションを当てはめて計算しても妥当値を求めることはできません。やはり、もう少し高めのバリューションを当てはめて、企業価値を計算します。ダウンサイドを計算するときは、私の場合はこの企業や業種で最安値または最高値レベルのバリュエーションなどを当てはめるケースが多いです。

企業価値の算出法はさまざまなものがありますので、それを計算する人の知見が問われます。というのも、企業価値に絶対値は存在しないからです。つまり、計算する人によって、企業価値は違ってきます。5人のアナリストに計算させたら、全員が同じ企業価値になることはなく、5通りの数字が出てくるはずです。ただし、この企業価値を計算することでその銘柄が買いか売りかの判断ができ、どの株価水準で利益確定したらいいのかを投資の時点でイメージすることができるという意味でとても重要です。またダウンサイドは、自分の予想に反して、株価が反対に行ったときに、どのレベルまでであれば想定内か、またはこれ以上反対の方向に進んだら買い増し、または信用売りを増やすべきかなどを把握するために重要です。逆に、そのレベルに反して、下げ・上げ続けた場合は、自分が企業価値を算出する際に、何か重要な情報を加味し忘れている可能性があるのかなどを再分析するという意味でも役立ちます。

## ファンダメンタルズとテクニカルは二者択一ではない

私も含め、ファンドマネジャーと呼ばれている人たちは、ファンダメンタルズ派が大半だと思われていますし、事実そうだと思います。少なくとも私はチャートだけを見て売り買いの判断を下すことはありません。ファンドの運用はあくまでも長期的な観点から行なわれるものであり、株価は長期的に見ると業績に連動する傾向があるからです。

ただし、チャートは必ずチェックするようにしています。短期の日足チャートを見ることもありますし、20年ぐらいの長期の月足チャートを見ることもあります。それは買い場、売り場を判断するために用いるというよりも、株価のトレンドを把握するために行なっています。

ある程度の資金を入れても大丈夫かどうかという流動性リスクを把握するために、出来高の推移をチェックすることもありますし、目先で株価が急落しているようなときに、長期的に見て買い場なのかどうかを判断するために、過去の株価の推移をチェックすることもあります。

よくファンダメンタルズ派とテクニカル派は相容れないといわれます。ファンダメンタルズ派の人たちは、「テクニカルは株価の動きをだけを見て企業の体質を見ていない」といいますし、テクニカル派の人たちは「価格にはすべて織り込まれているのだから、わざわざファンダメンタルズを分析する必要はない」と断言します。

結局のところ、自分にとっていちばん使いやすい方法で投資判断を下すのが良いのだと思います。

どれが絶対に正しいかということを断言することはできません。株式市場に参加している投資家のなかには、ファンダメンタルズ派もいればテクニカル派もいます。そうである以上、どちらかという二者択一ではなく、すべてをチェックして、自分の投資判断に役立てるほうが、より合理的な判断につながる可能性が高いと思います。

ですから、まずは先入観を捨て、いろいろな方法を試したうえで、自分にいちばんフィットする方法を選べば良いでしょう。

## 長期投資か短期トレードか?

投資スタイルも、最初から「私は長期投資派だから」などと決めてかからず、短期トレードも長期投資も一通り、試したうえで、自分に合うスタイルをつくっていけば良いと思います。

私は大学を卒業したのち就職した外資系証券会社で株式調査部に配属となりました。証券会社のアナリストは基本的に、「長期投資で買える銘柄は何か」という視点で銘柄を探し、レポートを作成します。これは証券会社が出している銘柄レポートを見ればわかると思いますが、信用取引を用いて売りから入る取引を推奨するような内容はほぼ掲載されていません。証券会社の銘柄レポートは、あくまでも「買い」が基本です。

短期にも重きをおくようになったのは、米国のシタデル・インベストメント・グループ（現CITADEL LLC）というヘッジファンドの日本拠点に入社してからです。この会社は世界でも大手のヘッジファンド会社で、元ＦＲＢ議長だったベン・バーナンキ氏がシニア・アドバイザーに就任したことでも知られています。

さて、そのシタデルに移籍したとき、私は日本株の運用担当者として日々、日本株の分析と投資に明け暮れていたのですが、アジア・オセアニア全域を統括していた私の上司が超短期でマーケットを見ており、日中の値動きだけで大騒ぎするような人でした。というのも、当時は小泉政権のころで、銘柄にもよりますが、日本の株式市場に上場されている大型銘柄でも、株価が日常的に５％以上、上下するような時代でした。当時、私は数千億円を日本株で運用していて、投資している銘柄数が30～40銘柄と少なく、比較的集中投資スタイルということもあり、日中に何十億円という損益が生じることは日常茶飯事でした。

そういう時代に、短期間の値動きで大騒ぎする上司の下で日本株の運用を担当していたせいか、私自身も長期だけではなく、短期の値動きも意識するようになりました。そして、それは決して間違っていたことではなく、むしろいまの投資スタイルを確立するために非常に役に立ったと思います。というのも、短期の値動きを意識するようになってから、需給も含め、「株価を動かしているファクターが何か」という観点で、株価を見ることができるようになったからです。

それが自分の投資にどのようなメリットをもたらしたのかというと、最大のメリットは、トレンドの変化に対して素早く反応できるようになったことが挙げられます。その後、シタデルを退職してメリルリンチ日本証券のプロップ（自己資金の売買部門）に入ったのですが、そのチームはメリルからの約５０００億円の資金をもとにマルチ戦略ヘッジファンドとして独立するために、さまざまな金融資産クラスの専門家を集めていました。私は、日本株の責任者として入ったのですが、同じチームに不良債権、プライベート・エクイティ、クレジット、不動産、コモディティなどさまざまな専門家を集めた集団でした。チームミーティングの際に、株式以外の状況も把握でき、リスクは株よりもクレジットに現われることを学びました。当時は、株の運用者はCDS（Credit Default Swap＝債券などの信用リスクに対して保険となるデリバティブ契約）などを見て運用戦略を練るということをあまりしていませんでしたので、これは自分の武器になると思いました。

リーマン・ショックのとき、多くのファンドは運用成績が大きく崩れました。ロング・ショート戦略（次節参照）のファンドでも、あの暴落時に大きな損失を出していました。

なぜかというと、運用者はロングオンリーの出身者が多かったからだと思います。ロングオンリーというのは、買い（ロング）だけで運用するスタイルのことです。元々がそういうスタイルだと、「この会社の企業価値からすると、いまの株価は下げ過ぎている」という考えが抜けず、ロングポジションを外せなかったからです。株価はまだ上昇するというシナリオのもとでネットがロングポジションに傾いたポートフォリオを持ち、かつそれを外せなかったとしたら、いくらショートポジションがあったとしても、ファンドの運用成績はマイナスになります。

一方、私は日々の需給動向、CDSやボラティリティなども細かくチェックしていました。そのなかで、「マーケットリスクが高まっている、そろそろ危ない」というアラートを自分自身に出していたので、マーケットが急落する前に、キャッシュ比率を増やして、プットオプションを買い、ネットショートにしていました。その結果、リーマンショックの年もプラスリターンを出すことができたのです。

LECTURE 7－3

# 私がロング・ショート戦略で投資している理由

## 絶対リターンを目指すためには不可欠な戦略

### 日本の株式市場は右肩上がりではない

日本国内で設定・運用されている投資信託の大半は、株式や債券を買ってポートフォリオを構築します。このように、買い付けた対象資産が値上がりすることによってリターンが得られる投資信託を、「ロングオンリーファンド」などといいます。ロングとは買い持ちポジションのことであり、逆に売り持ちのポジションは「ショート」といいます。

経済が右肩上がりで成長するという前提であれば、ロングオンリーファンドでも十分に収益を上げることができます。たとえば米国であれば、チャートからもわかるとおり、いろいろといわれていても長期で見ると経済は成長していて、株式指数は右肩上がりです。物価も緩やかなインフレが持続しており、それらの点で、ロングオンリーの運用スタイルでも、ある程度の収益を稼ぎ出すことができます。

しかし、日本の場合、私が株式市場のプレイヤーになった1990年代の半ばから現在に至るまで、ほぼ同じ水準です。こちらもチャートをご覧いただきたいのですが、NYダウの右肩上がりとは異なり、上がったり、下がったりを繰り返していることがわかります（次ページ**図表7―1、7―2**）。この間、TOPIXは低いところでは700円近辺まで何度か下落しています。この20年間における株価の値動きからすると、指数と同じリターンでは利益を出しにくい現実がありました。もちろん、TOPIXなどをベンチマークに設定し、それを下回らなければ、大型株のロングオンリー戦略でも「ベンチマークに勝てた」ということで評価されるという意見もありますが、これはたんなる運用会社の自己満足に過ぎません。運用者として目指すべきは、市場環境がどうであっても、少しずつでもリターンを積み重ねていく絶対リターンの実現です。そう考えたとき、日本の株式市場で、ロングオンリーの運用を行なっても、リターンを実現するのは極めてむずかしい状況にあると考えました。

第4章の図表4―2と図表4―3でGDPと株式指数のチャートを載せましたが、そこからもわかるように、日本経済はこの20年間、非常に低成長に留まっており、物価はデフレにより上昇していませんでした（229ページ**図表7―3、7―4**）。その一方、米国経済は基本的に好調で、リーマンショック後の時期以外は物価も穏やかなインフレを維持してきました。物価が上昇しているときは、通貨・現金の価値が下がり、金融資産の価値が上昇します。デフレ環境下はその逆で、通貨・現金の価値が上がり、金融資産の価値が下落します。つまり、日本はこの20年間、円をロングし続けることが最も正しい投資戦略だったということになります。実際、この間に円はアベノミクス前であれば対ドル通貨で50%近くも上昇しました。逆に、デフレ環境下では株や不動産のような資産に投資をしたとしても、これらの資産価値が上がるような状況ではありませんでした。これが、日本と米国の株価指

## 図表7-1 ● 米国株は基本的に右肩上がりで推移してきた
——NYダウの推移

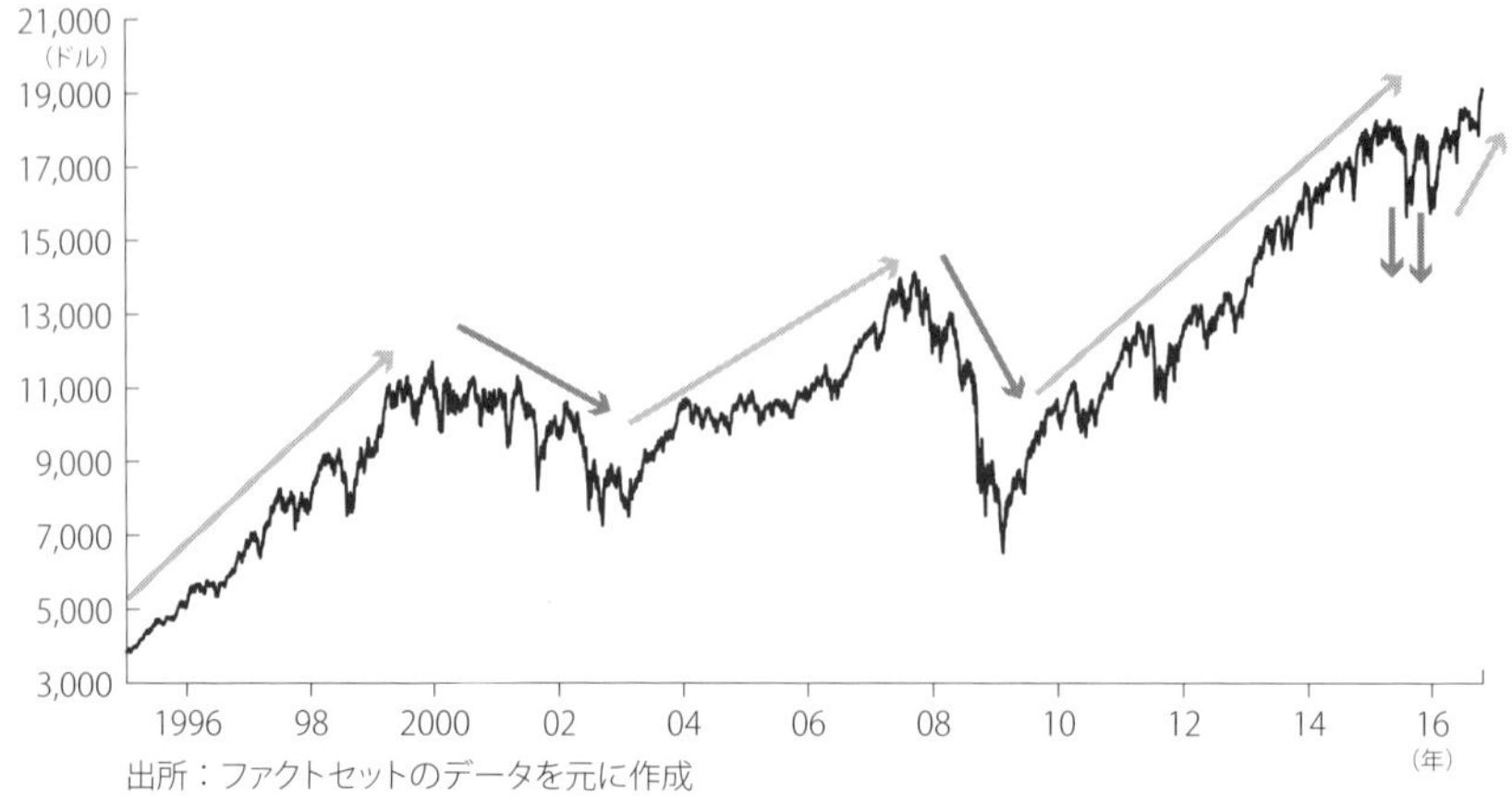


出所：ファクトセットのデータを元に作成

## 図表7-2 ● 日本株は上下しながら横ばいで推移してきた
——TOPIXの推移

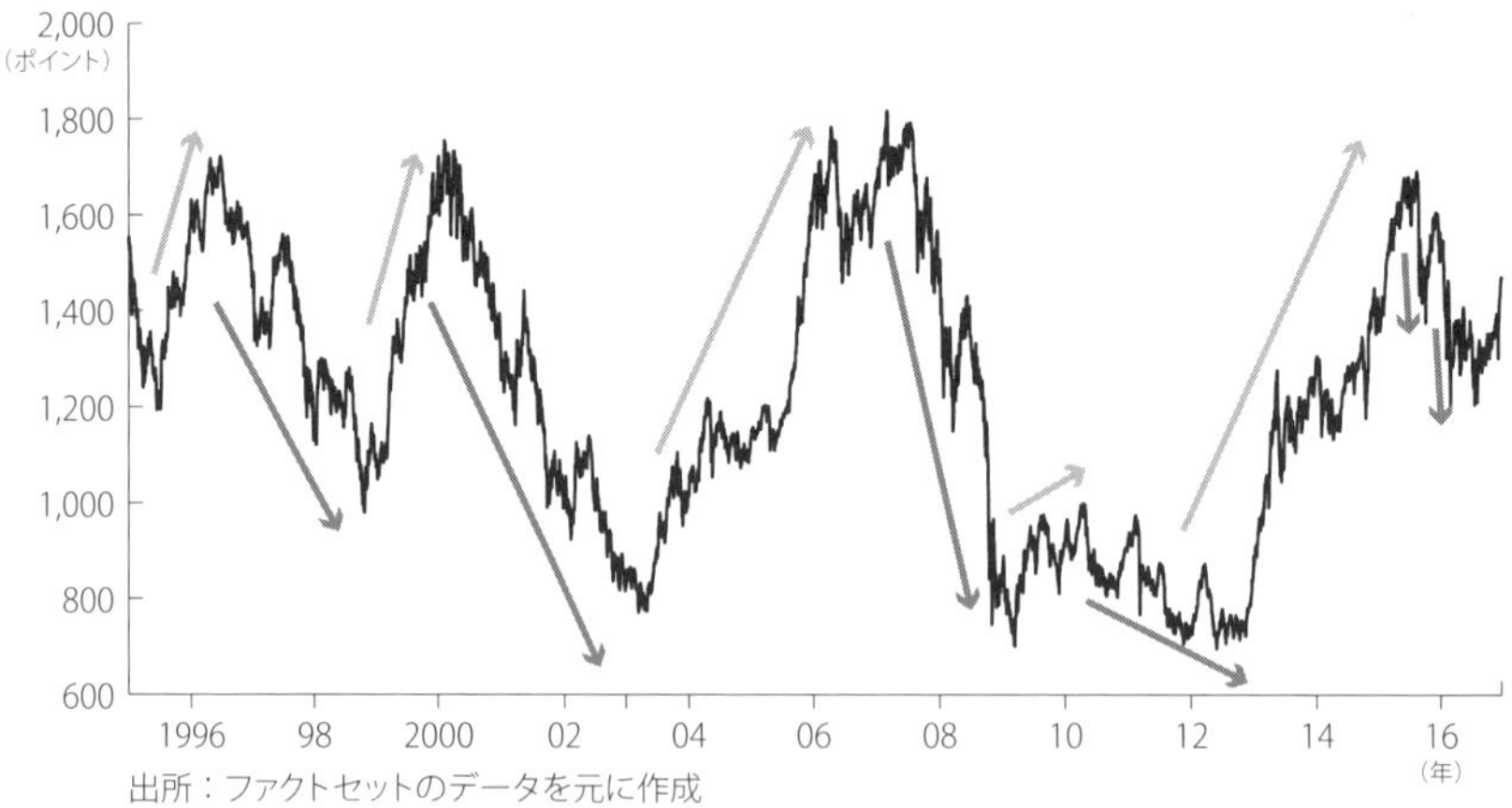


出所：ファクトセットのデータを元に作成

## 図表7-3 米国はインフレを維持している
——米国の消費者物価指数の推移

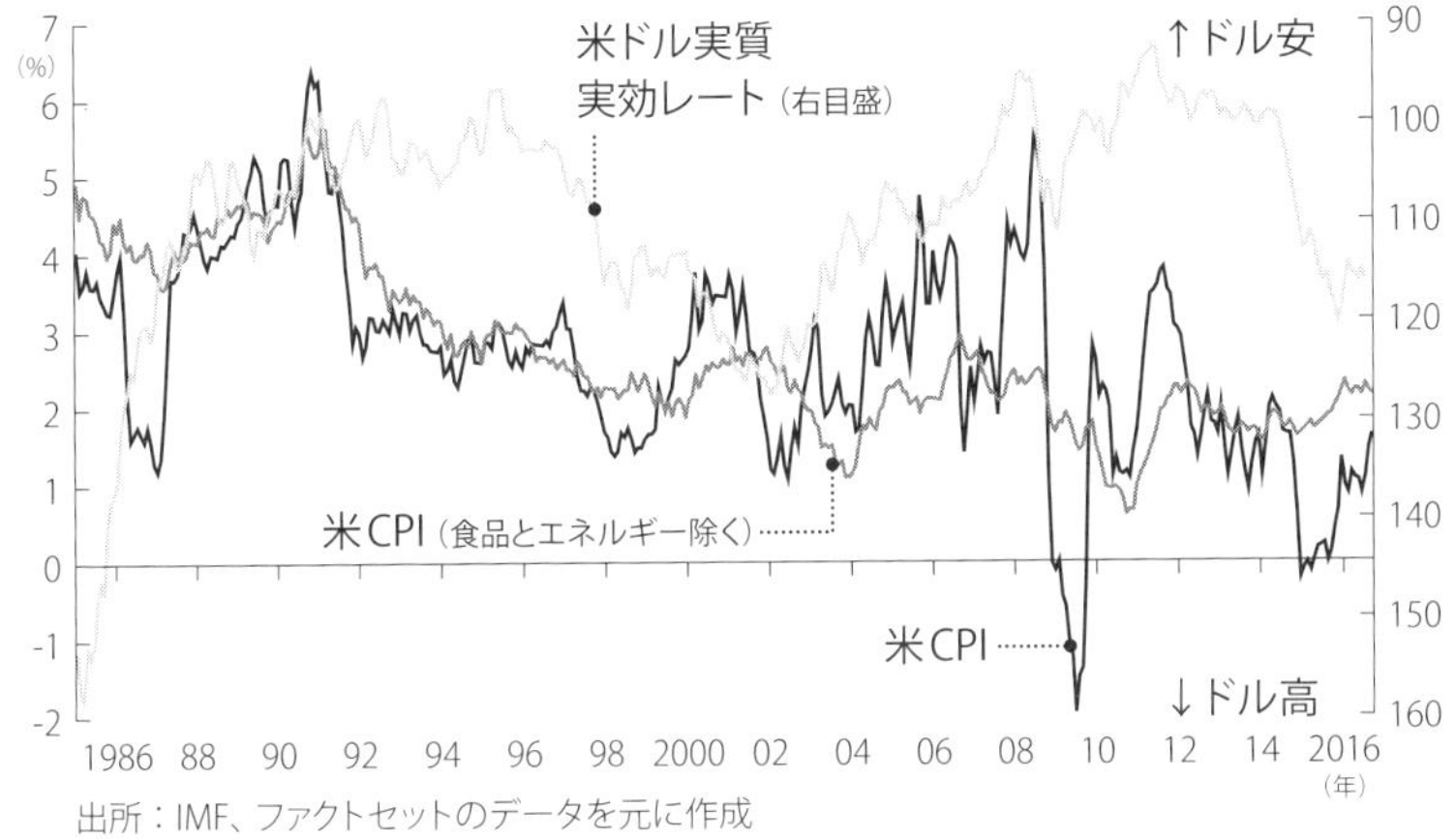


出所：IMF、ファクトセットのデータを元に作成

## 図表7-4 1990年代後半から日本はデフレ傾向
——日本の消費者物価指数の推移

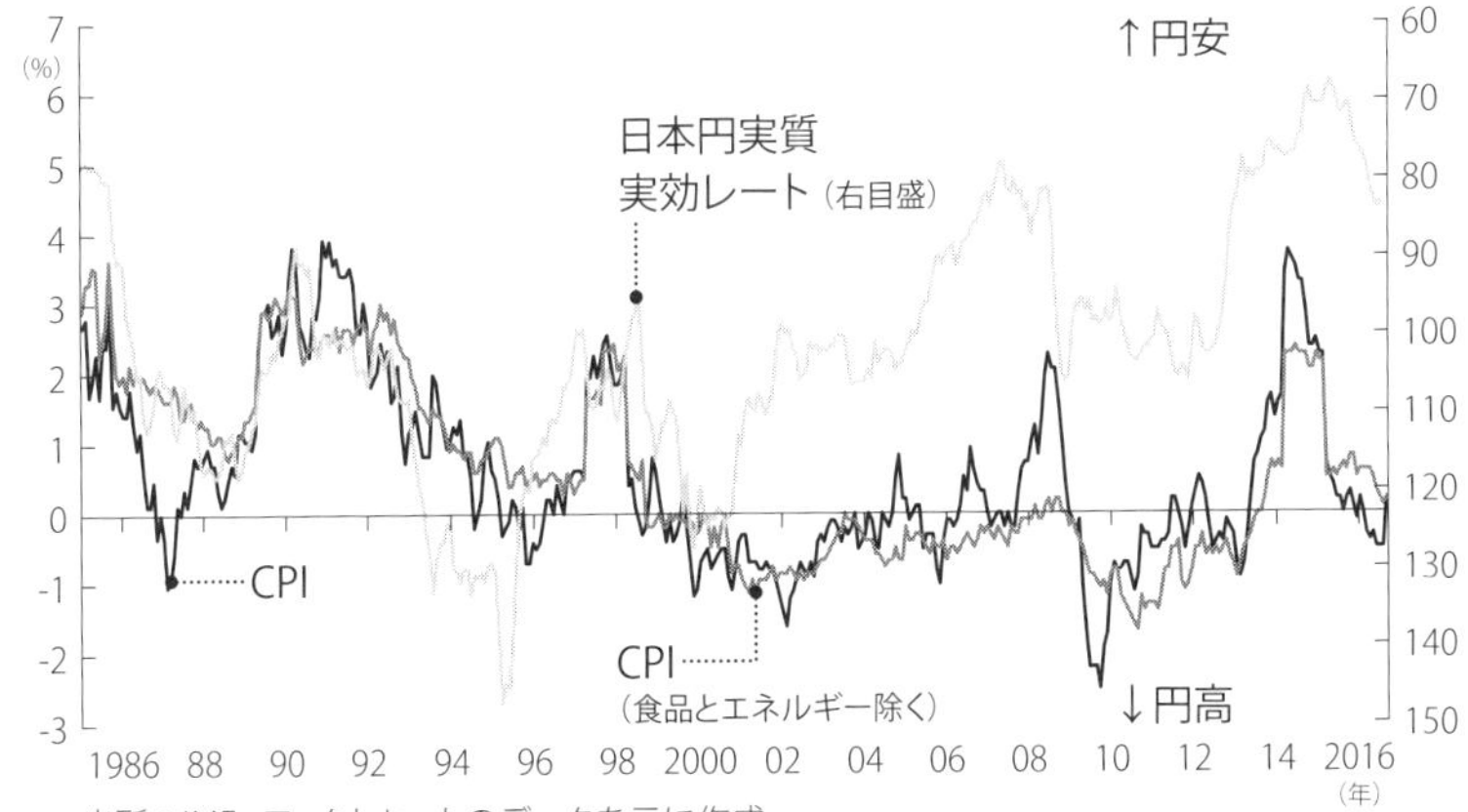


出所：IMF、ファクトセットのデータを元に作成

数のパフォーマンスの違いに現われています。

今後、政府や日銀が目指しているデフレ脱却が実現でき、物価も適度なインフレを維持できれば、通貨・現金を保有するよりも、金融資産を買ったほうが良いリターンを得られることになるでしょう。その場合は、ロング・ショート戦略よりもロングオンリー戦略のほうがより良い投資先となるかもしれません。

ちなみに、よく証券マンやテレビに出ているコメンテーターなどが、「米国株が上昇するときは日本株も上がる」などと言いますが、本当にそうでしょうか？　なかには誰にでもわかるように、あえて複雑な説明を省き、シンプルに自分の考えた結論だけを伝えようとしている方もいるのかもしれませんが、そういう発言を鵜呑みにせず、「米株高＝日本株高」ということが固定観念にならないようにしてください。さきほどの図表7―1、図表7―2を見ていただければ、米株が上がっているときに日本株が上がっているわけではないことは明らかです。

具体的に、この20年、日本株が上昇、下落した局面はどういう理由だったかを振り返りたいと思います。

まず前提として、景気（128ページ図表4―2、図表4―3参照）や物価の動向（前ページ図表7―3、7―4参照）が株式市場に影響します。そして、米国の景気が悪いときは日本の景気も悪影響を受けます。何しろ、米国は日本の最大の貿易相手国です。現在で輸出の20％。1980年代は40％弱ありました（現在の2位は米国との差が小さくなってきている中国です）。したがって、相手国の景気の影響を受けないわけがありません。米国のGDP成長がマイナスになったときに日本がプラスを維持できたのは1991年だけですが、そのときはレーガン政権の失敗により米国の景気は悪化しました。それ以後のI

Tバブル崩壊、リーマンショックの影響は日本にも悪影響あり、株式市場は米株同様に下落しました。その一方、米国の景気がよく、日本もその恩恵を受けているにもかかわらず、米株上昇時に日本株が同様に上昇していない年は何度もあります。

**図表７－５**は米国株と日本株の連動性をみたものですが（明らかに乖離は×、同様に上昇は◎、同様に下落は〇、どちらともいえないは空欄）、米国株下落には１００％連動しているものの、米国株上昇に連動している年は少ないことがわかります（「日本株のみ上昇」は一度もありません）。以下では、×と〇なっている年（２０１６年は途中なので除く）についてその要因を記します。

１９９６年……………１９９５年に急激な円高に見舞われた日本は株安

**図表7-5　米国株と日本株の上げ下げは連動しているか？**

| 年 | S&P | TOPIX | マザーズ | 米株と日本株の連動性 |
|---|---|---|---|---|
| 1995 | 37.6% | 1.2% | | |
| 1996 | 23.0% | -6.8% | | × |
| 1997 | 33.4% | -20.1% | | × |
| 1998 | 28.6% | -7.5% | | × |
| 1999 | 21.0% | 58.4% | | ◎ |
| 2000 | -9.1% | -25.5% | | 〇 |
| 2001 | -11.9% | -19.6% | -23.1% | 〇 |
| 2002 | -22.1% | -18.3% | -36.2% | 〇 |
| 2003 | 28.7% | 23.8% | 133.0% | ◎ |
| 2004 | 10.9% | 10.2% | 30.6% | ◎ |
| 2005 | 4.9% | 43.5% | 47.7% | ◎ |
| 2006 | 15.8% | 1.9% | -56.3% | |
| 2007 | 5.5% | -12.2% | -29.5% | × |
| 2008 | -37.0% | -41.8% | -58.7% | 〇 |
| 2009 | 26.5% | 5.6% | 28.7% | |
| 2010 | 15.1% | -1.0% | 4.2% | × |
| 2011 | 2.1% | -18.9% | -8.6% | × |
| 2012 | 16.0% | 18.0% | 2.1% | ◎ |
| 2013 | 32.4% | 51.5% | 137.2% | ◎ |
| 2014 | 13.7% | 8.1% | -5.2% | ◎ |
| 2015 | 1.4% | 9.9% | -2.5% | |
| 2016 | 12.0% | -3.7% | 1.2% | × |

出所：日銀、ファクトセットのデータを元に作成。2016/12/7まで

1997年…………消費税を3％から5％に増税したことで日本の景気が悪化

1998年…………本格的なデフレとなり、アジア通貨危機、金融機関の不良債権問題から複数の金融機関の経営破たんがあり、米株は上昇したものの、日本株は3年連続下落

2000〜2002年……ITバブル崩壊で米国株ともに3年連続下落

2007〜2011年……リーマンショックの前年の2007年は米国株が上昇しているのに日本株は下落、そして、リーマンショックが起こり、円キャリー取引（低金利の円を売って高金利の外貨を買う動き）で海外の高利回り資産に投資していた資金の利回りが下落、円キャリー取引の解消が進み、円の買い戻しによって急激な円高となり、その結果、日本の輸出企業は大打撃を受け、日本株式は米国以上に大きく下落。米国株は翌年から株式市場が回復し上昇に転じているものの、日本株はその後3年も低調

なお、◎となっている2003〜2005年についても、米国株が上昇したからというよりも、日本の不良債権問題の解決と小泉政権による規制緩和が日本に成長をもたらすという期待から日本株が上昇したといえるでしょう。

以上の事実をみると、「米株が上がるから日本株も上がる」と考えるのはあまりにも短絡的で、世界最大のGDPの米国の景気が良いとその恩恵を世界中で受け、取引が多い日本はとくに恩恵を受ける、という程度と考え、その時々の世界のさまざまな状況に応じて日本株式市場および個別企業がど

うなるかを判断すべきであるといえます。

## 相場が上げても下げても勝つために

ロング・ショート戦略とは、その名のとおり、ロング（買い持ち）とショート（売り持ち）を組み合わせてポートフォリオを構築する運用手法のことです。ロング・ショートのポジションともに株、先物、オプションなどに投資しますが、この銘柄選択とヘッジの組み合わせが利益の源になっています。

たとえば、投資資金が1000万円あった場合、ロング（買い）を500万円分は全投資金額の50％となり、ショート（売り）を200万円分、つまり20％の場合、50％＋20％＝70％がグロスです。グロスとは、投資資金に対してどれだけ投資に回しているかの比率であり、つまりどれだけのリスクを保有しているかを表わしています。「リスクオフで現金比率を上げている」など聞かれると思いますが、リスクとはこれを意味しています。100％－グロス70％＝30％がキャッシュ比率、50％－20％＝30％がネットとなります。この場合、ネットはロング30％ということになります。

これに対して、ヘッジファンドなどのロング・ショート戦略は、株式市場は下がりそうだと思えば、ショートをロングよりも多めに持ち、ネットショートに持っていくことをします。たとえば、ロングを300万円（30％）、ショートを400万円（40％）の場合はネットショート10％となりますが、同じ70％のグロスのため、取っているリスクは同じで、株式市場の下落に備えたポジション取りをしているといえます（次ページ**図表7―6**）。

ネットロングかネットショートのいずれにするかをどう決めるかですが、これは基本的にマクロ経済分析で決定します。そのために、さまざまな経済指標やイベントなどを常に把握するようにしているのです。私がやってきたロング・ショート戦略はレバレッジをかけるため、もっと思い切ったポジションの傾け方ができました。２００８年は、株式相場が下がると見込んでいましたので、リスクを抑え、ネットショートのポジションを取り、リーマンショックのときでもリターンを稼ぎ出すことができました。

ヘッジファンドはハイリスクといわれることがありますが、下げ局面で買い持ちの下げを信用売りや先物・オプションのヘッジが相殺してくれることにより、相場環境に大きく影響をうけることがないように設計されているため、上がったり下がったりを繰り返す日本株には最も適した戦略と考えています。

### ネットショートの場合

グロス（投資金額合計） ＝ （300万円＋400万円）÷1000万円　70%
ヘッジ（信用売り、先物・オプション） ＝ 400万円÷1000万円　40%
ネット（ロングーショート） ＝ （300万円ー400万円）÷1000万円　▲10%
現金比率 ＝ 300万円÷1000万円　30%

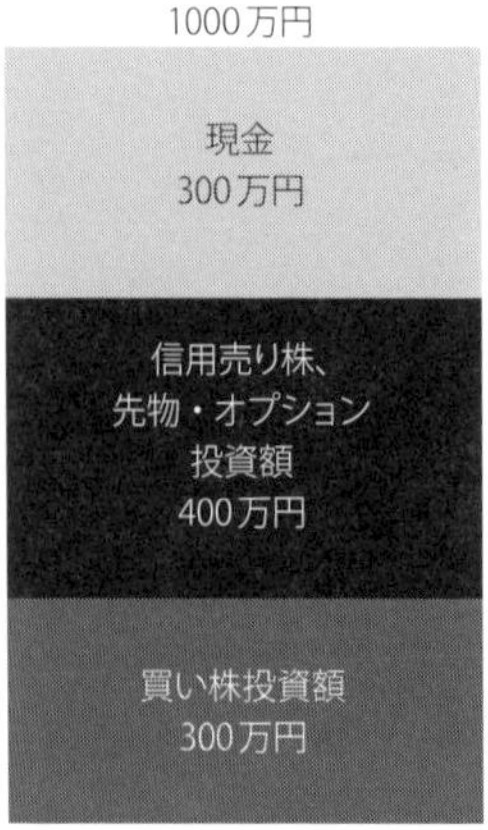


| ロング | ショート |
|---|---|
| 買い株合計資産 | 信用売り、先物・オプション |
| 300万円 | 400万円分 |

ロング・ショート戦略、ロングオンリー戦略およびロング株&先物・オプション（ヘッジ）戦略のパフォーマンスのイメージを次ページ**図表7−7、図表7−8**で示しました。上げ相場のときはロングオンリー戦略が最も適していますが、上がったり下がったりする株式相場では、ロング・ショート戦略が最も安定的に利益を出せるということがこの図からわかると思います。

まず、ロングオンリーは相場が下落すると買い持ち株の価格下落のリスクにさらされますが、それを相殺するものがありません。つまり裸のロングということですが、なぜこれでも問題ないかというと、多くのロングオンリーファンドはベンチマークの指数に対して利益が上回れば良いという考え方であり、損をしても指数より損失が小さければ問題ないとしているからです。図表7−7では、ロングオンリーはA、Bに投資して両方とも利益

**図表7-6 ◎ ロング・ショート戦略のポジションのつくり方**

◎ネットロングの場合

グロス（投資金額合計）＝（500万円＋200万円）÷1000万円　70%
ヘッジ（信用売り、先物・オプション）＝200万円÷1000万円　20%
ネット（ロング−ショート）＝（500万円−200万円）÷1000万円　30%
現金比率＝300万円÷1000万円　30%

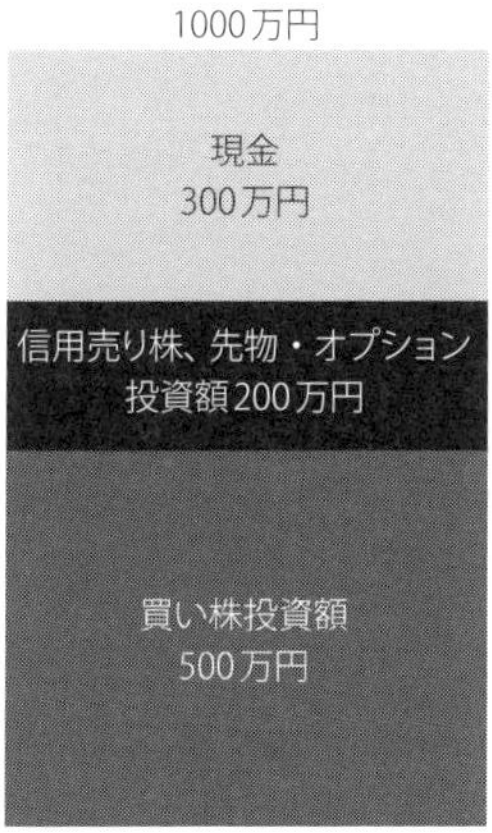


| ロング | ショート |
|---|---|
| 買い株合計資産 | 信用売り、先物・オプション |
| 500万円 | 200万円 |

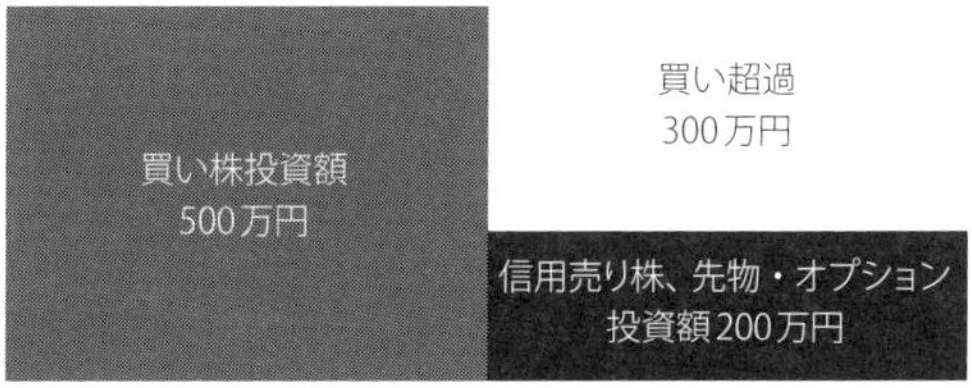

図表7-7 ● ロング・ショート（L/S）戦略の利益のイメージ

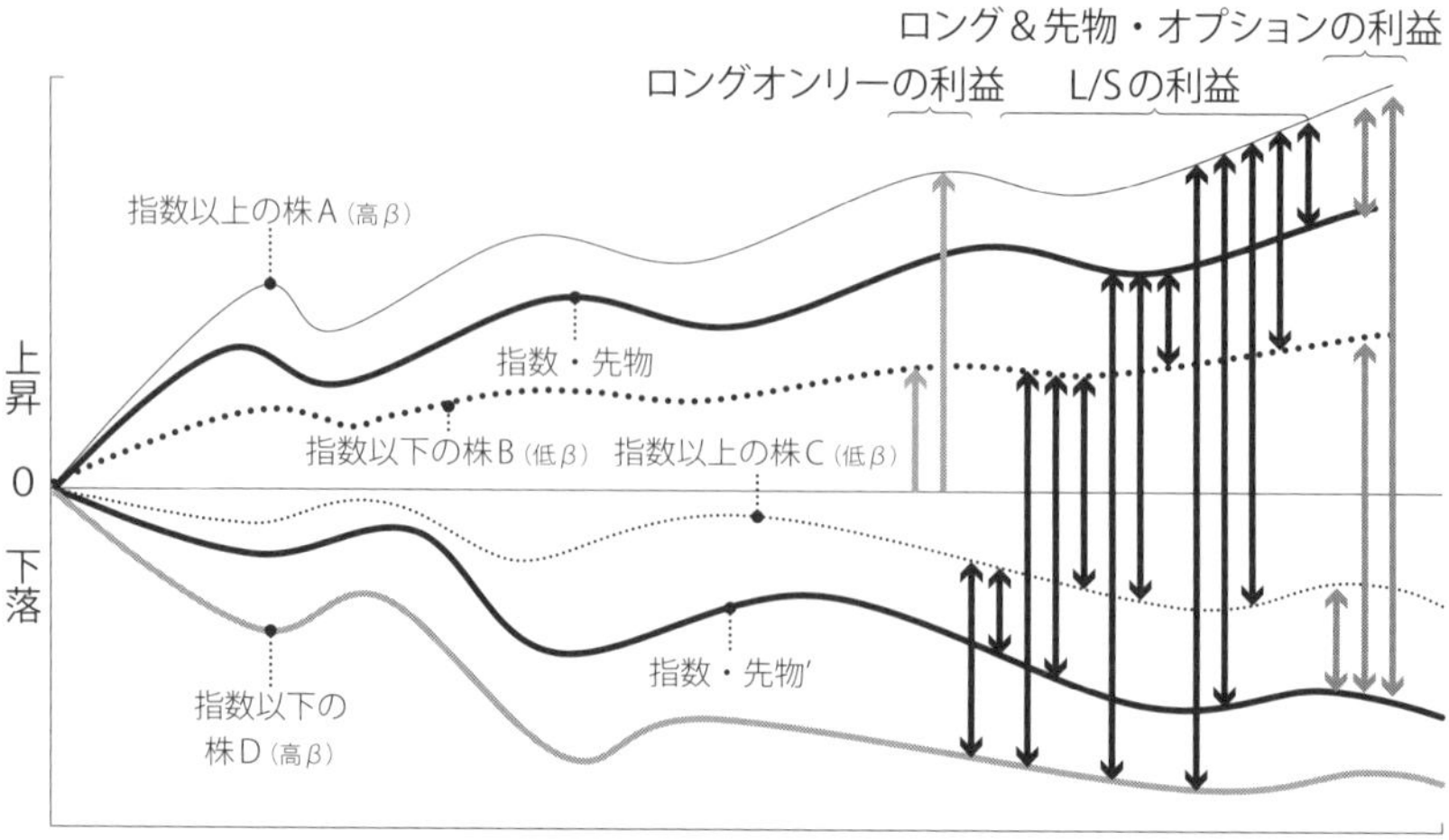


図表7-8 ● ロング・ショート（L/S）戦略の損失のイメージ

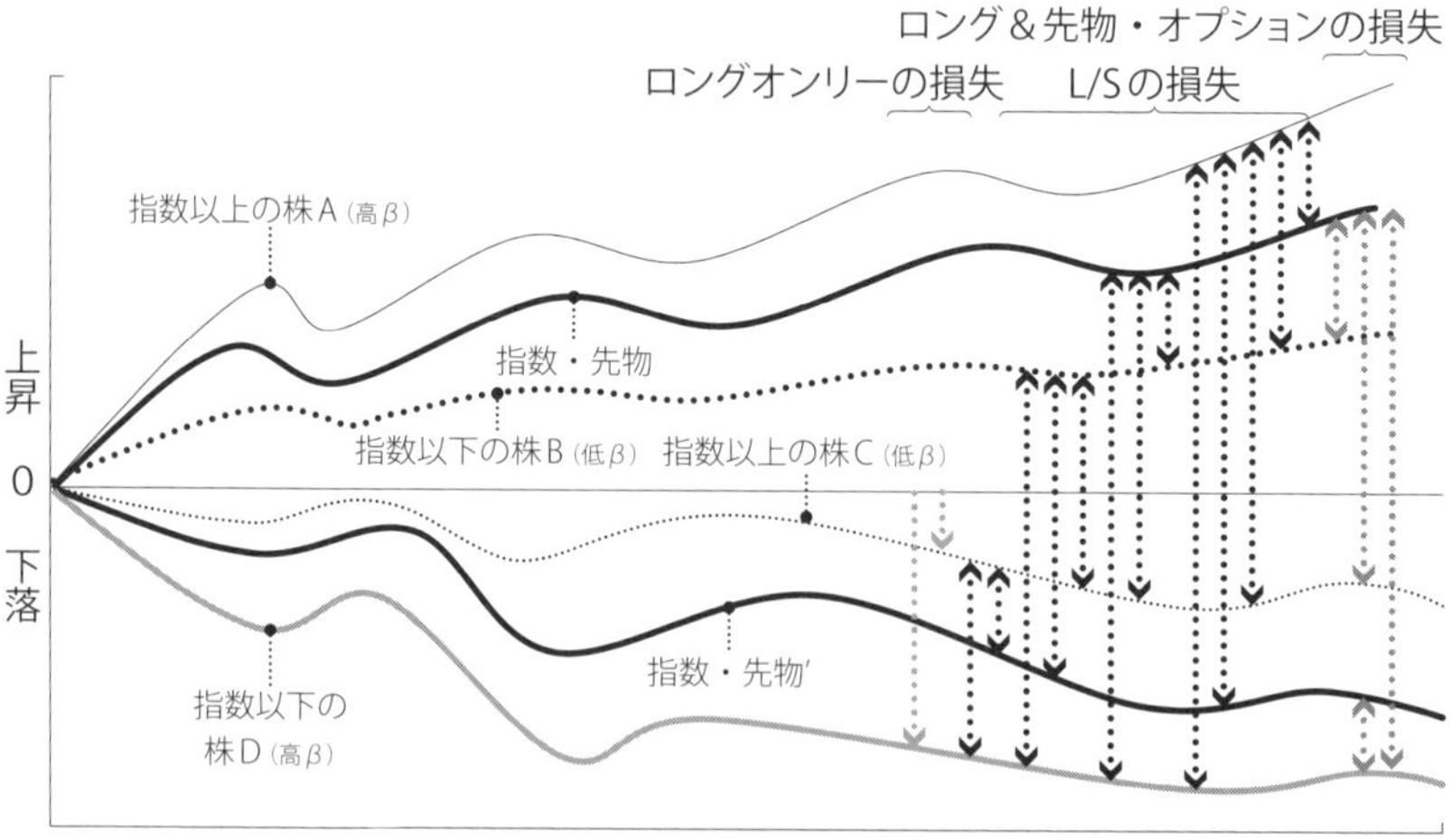

を上げていますが、Bはベンチマークを下回っているため、負けです。図表7－8では、C、Dに投資して両方とも損失となっていますが、Cはベンチマークよりも小さい損失に抑えられているため、勝ちという考え方です。

ただ、その一方で上げ相場のときには指数を上回る利益を上げないとなりません。つまり、ロングオンリーでベンチマークに対して勝つということは、指数が下がるときに下落リスクを指数の下落より抑えられるポジションをとって、指数が上がるときにはそれを上回る利益を出さないとなりません。図表7－7では、A、D株は高β、B、C株は低βと書きました。β（ベータ）とは「個別株のリターン÷指数のリターン」です。上げ相場のときには理論的に高βに投資すると勝ちますが、下げ相場では高βはより多く下がる傾向にあるため、ロングオンリーで勝つのはむずかしいのです。

ロング株を先物・オプションでヘッジする戦略は、ロングオンリーに似ていますが、相場の下落局面をヘッジするところと、対ベンチマークで勝てば良いとはしていないところが異なります。このタイプのファンドはあまり存在しません。相場下落時にロングの買い持ち株の価格が下落しても、その損失がヘッジの利益より低ければ全体では利益、大きければ全体で損失となります。図表7－7では利益が出るパターンを4つ、図表7－8では損失が出るパターンを4つ示しました。

ロング・ショート（L／S）はロング（株、先物・オプション）の損益がショート（株、先物・オプション）の損益を上回れば利益、下回れば損失となります。ロングオンリーのようにベンチマークがないため、指数に対してどうなるかという考え方はなく、絶対値で利益を上げることを目的としています。どのような相場環境でも、ポートフォリオ全体のβと投資している銘柄の組み合わせにより、ポートフォリオ全体が利益を上げることを前提に銘柄選択がなされます。そして、先物・オプションは基本的にへッジ、あるいは全体のポートフォリオのバランスを整えるために加えられています。図表7—7、図表7—8でみると、26通りの組み合わせで、13通りが利益、13通りが損失となります。

たとえば図表7—7で、Aをロングしていればどれを同金額ショートしても利益を出すことができ、また、Dをショートしていればどれを同金額ロングしても利益となることがわかります。図表7—8の損失となる場合は図表7—7のロングとショートが入れ替わったパターンです。たとえばAをショートしていればどれを同金額ロングしても損失になり、Dをロングしていればどれを同金額ショートしても損失となることがわかります。

実際のポートフォリオは、たとえばA、Bロング、先物、C、Dショートというようになり、それぞれ同金額で投資するわけではなく、ポートフォリオ全体で利益を出せるように各銘柄を組み合わせます。ロング・ショートの奥深さはここにあります。たとえば、Dをロングしていても、ポートフォリオ全体としては利益を上げることは可能です。図には数字はありませんが、Dが50%下落、Cが20%下落だとしましょう。Dのロングへの投資金額を1億円、Cのショートへの投資金額を5億円だとしたら、Dの1億円が5000万円に、Cの5億円が6億円になり、元の1億円+5億円=6億円が、5000万円+6億円=6億5000万円に増えます。

当然ながら、どんなときも利益をあげられることはありませんが、私はこの戦略が自分に最も適しており、最も勝率を高めてくれる投資戦略であると考えています。

## リーマンショックのときにヘッジファンドも損失となった理由は？

では、なぜリーマン・ショックの年にはヘッジファンドでさえかなりの損失を出してしまったのでしょうか。ヘッジファンドがリーマン・ショックのときに苦戦したのは、レバレッジが原因といわれています。第2章で信用取引は投資資金に対して約3倍のレバレッジがかけられると話しましたが、先物やオプションはそれよりはるかに大きいレバレッジになります。たとえば、2016年11月末現在の日経平均先物の証拠金額は81万円、TOPIX先物の証拠金は63万円、東証マザーズ先物の証拠金は8万1000円となります。日経平均先物を1万8000円で1枚（取引単位は1000倍）買いたい場合は、81万円の証拠金を預ければ1万8000円×1000＝1

図表7-9 ヘッジファンドの運用は指数に勝っている
—— ユーレカヘッジLSHF指数と日本の株価指数の推移

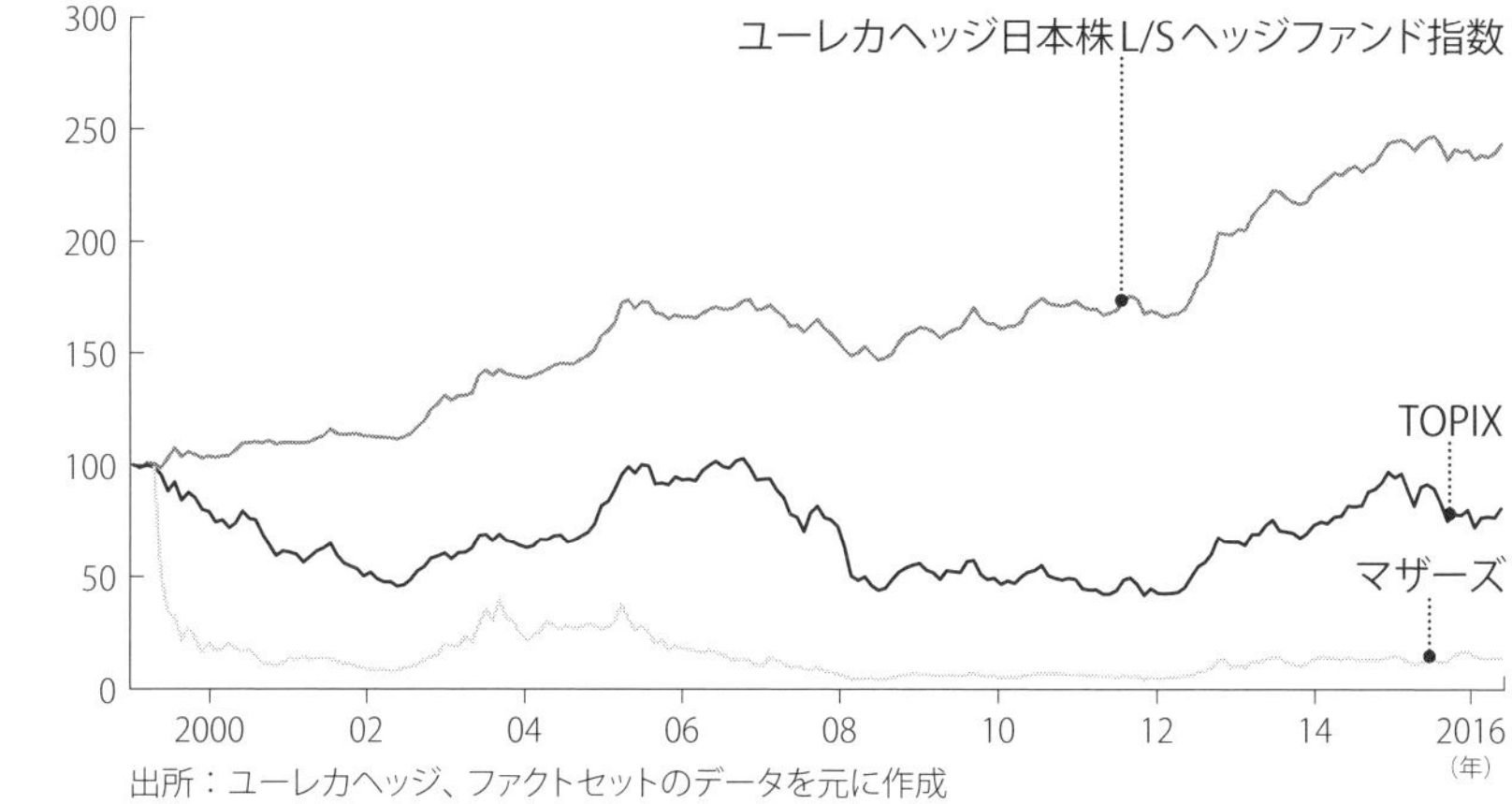


出所：ユーレカヘッジ、ファクトセットのデータを元に作成

800万円の取引ができることになります。この場合、10円の値下がりで10円×1000＝1万円の損失となります。しかし、アメリカの大統領選のときのように1000円近く先物が動くと、先物1枚しかポジションを持っていなくても1000円×1000＝100万円もの損失を被ることになり、証拠金が足りなくなってしまう可能性があります（証拠金が足りなくなると、「追証」が発生して、追加で資金を入れないとなりません）。

適正なレバレッジでヘッジとして活用していればよいのですが、大きな利益を狙うと、どうしてもレバレッジが大きくなります。リーマン・ショック前には、たとえば私が在籍していたヘッジファンドでは、レバレッジは10倍ほどでした。そうしたハイレバレッジが一般化していたために、株式の信用買いだけでなく、先物やオプションにより大きな損失を被るところが複数社ありました。リーマン・ショックのときはまさにこのようなことが起きていたと思われます。そして、リーマン・ショック後は、業界のレバレッジ比率は大幅に下げられました。

最後にユーレカヘッジ（ファンドのデータベースを収集、集計している会社）が開示している日本株ロング・ショート・ヘッジファンドのパフォーマンスを指数化したインデックスの推移も参考のために載せておきます（前ジペー図表7―9）。

## 経済情勢を大まかに予測しておく

投資をするときに重要なことは、さまざまな想定をし、どのような状況になったとしても対応できるように準備をし、調査を怠らないことです。時にはあり得ないような状況も想定し、自分の投資している銘柄がそのときどういう影響を受けるかなども考えます。またその影響による損失額を小さくするために、どういうヘッジをするべきかなども考える必要があります。

ただし、確率の低いことに常に備えていてもあまり意味がないので、その懸念材料がどの程度の確率で起こる可能性があるのか、相場はそれをどの程度織り込んでいるか（コンセンサス）などを考えるようにしています。これらは常に変化しているため、臨機応変に対応する柔軟さも必要です。

企業価値を算出するのも大切な準備で、いまは高すぎて投資できないとしても、準備をしていれば、数か月後に株価が下がったときに「安い、買い時」と判断して機会を逃さずに買えます。

投資判断で間違えたら迷わず損切りをすることも大切です。正直、これは私も得意ではありません。きちんと分析をし、企業価値を算出し、カタリスト（きっかけ・トリガー）を明確化しても株価は想定とは逆に行くことがあります。投資判断を再分析し、明確なミスが見つからなくても、把握できていない相場の動き、需給からなどから株価は逆に行く場合があります。私はそのときには、ポートフォリオ全体への影響がどの程度かを見て、投資比率の高い銘柄はとくに注意するようにしています

## 大切なのは「自分のスタイル」

私の投資手法は、まず、マクロ経済全体を見渡して、1年間のシナリオを描きつつ、どのタイミングでネットロングにするのか、あるいはネットショートにするのか、マクロ環境によってどういう業

種に投資するべきかなどという大まかな目安をつけ、実際にその時期になったときのマクロ情勢と照らし合わせながら、ロング・ショートのポジションを調整していきます。

そのうえで、ミクロの観点から投資先である企業を選定していきます。この段階は本書で書いてきたように、ボトムアップリサーチです。

企業分析を行ない、株価が企業価値に対して割安に放置されていて、今後、上昇すると思われるものを拾っていきます。またロング・ショート戦略なので、逆に企業価値に対して割高な水準まで買われている銘柄で、下がると思うものについてはショートにします。

もちろん、運用の世界にはさまざまな考え方を持った人がいて、マクロ分析に重きを置かず、あくまでも良い企業にこだわって投資するほうが洗練されていると考える人もいます。伝統的なボトムアップリサーチを駆使して投資先を選んでいる運用会社などはその典型例でしょう。

そして、そういう運用会社も存続していることからすれば、ロングオンリーとロング・ショートのどちらが正しくて、どちらが間違っているということではなく、結局のところ、どの戦略であれば最も利益を出すことができるかという視点で自分のスタイルを確立すれば良いと思います。私に関していえば、ロング・ショート戦略による運用が最も成績を出すことができ、合っていたということなのだと思います。その意味でも、個々人に合った投資の仕方は必ず見つかるので、まずはいろいろな手法を少額から試してみることが大事です。

土屋敦子（つちや　あつこ）
慶応義塾大学法学部卒業。クラインオート・ベンソン証券、ガートモア・アセット・マネジメント、スパークス・アセット・マネジメントでアナリストを務めた後、2004年にシタデル・インベストメント・グループ・アジアに移籍。ポートフォリオ・マネジャーとして日本株イベント・ドリブン戦略を担当、数千億円を運用する。その後、メリルリンチ日本証券およびメリルリンチ・アジア・パシフィックのマネージング・ディレクター、日本株投資責任者を経て、2008年にアトム・キャピタル・マネジメント株式会社を設立。『AsianInvestor』誌の2009年インベストメント・パフォーマンス・アウォードのヘッジファンド部門で「ベスト・オルタナティブ・マネジャー賞（日本）」を受賞。

本当《ほんとう》にわかる　株式相場《かぶしきそうば》

2017年2月1日　初版発行
2020年2月20日　第4刷発行

著　者　土屋敦子 
発行者　杉本淳一

発行所　株式会社日本実業出版社　東京都新宿区市谷本村町3-29　〒162-0845
大阪市北区西天満6-8-1　〒530-0047
編集部　☎03-3268-5651
営業部　☎03-3268-5161　振　替　00170-1-25349
https://www.njg.co.jp/

印刷／理想社　製本／共栄社

この本の内容についてのお問合せは、書面かFAX（03-3268-0832）にてお願い致します。
落丁・乱丁本は、送料小社負担にて、お取り替え致します。

ISBN 978-4-534-05463-0　Printed in JAPAN